地市级公共图书馆阅读推广探索与实践

——以遂宁市图书馆为例

王丽蓉 著

东南大学出版社
·南京·

图书在版编目(CIP)数据

地市级公共图书馆阅读推广探索与实践：以遂宁市图书馆为例 / 王丽蓉著. -- 南京：东南大学出版社，2024.10. -- ISBN 978-7-5766-1657-6

Ⅰ．G252.17

中国国家版本馆 CIP 数据核字第 20242S66L9 号

策划编辑：邹　垒　　　　责任编辑：褚　婧　　　　责任校对：子雪莲
封面设计：余武莉　　　　责任印制：周荣虎

地市级公共图书馆阅读推广探索与实践——以遂宁市图书馆为例
Dishiji Gonggong Tushuguan Yuedu Tuiguang Tansuo Yu Shijian——Yi Suining Shi Tushuguan Weili

著　　者	王丽蓉
出版发行	东南大学出版社
出 版 人	白云飞
社　　址	南京市四牌楼 2 号　邮编：210096　电话：025-83793330
网　　址	http://www.seupress.com
经　　销	全国各地新华书店
排　　版	南京布克文化发展有限公司
印　　刷	江苏凤凰数码印务有限公司
开　　本	787 mm×1092 mm　1/16
印　　张	9.25
字　　数	220 千
版 印 次	2024 年 10 月第 1 版第 1 次印刷
书　　号	ISBN 978-7-5766-1657-6
定　　价	68.00 元

本社图书如有印装质量问题，请直接与营销部联系(电话：025-83791830)

前言

阅读推广作为图书馆培养公众阅读意愿或阅读能力，促进公众阅读行为的重要服务方式，近几年越来越受到政府、图书馆界和社会的重视。如何立足现实，面向未来，准确定位阅读推广的职能职责，更好地承担起推进全民阅读的使命，成为摆在基层公共图书馆面前的一个重要课题。

笔者1990年从四川大学图书情报系图书馆学专业毕业后，在遂宁市图书馆工作已有三十余年，在借阅窗口、图书采编室、参考咨询室、基藏书库等业务岗位承担过工作，近几年着重负责阅读推广工作。笔者通过查阅相关文献资料，学习借鉴其他图书馆开展阅读推广的先进经验，在本书中阐述了对阅读推广的基础概念、服务理念的理解，叙述了遂宁市图书馆在经费偏少、人员缺乏等基础条件不够完善的情况下，从丰富文献资源、构建服务空间、培育服务队伍、打造活动品牌等方面为搭建阅读推广工作架构所进行的实践。在对遂宁市图书馆阅读推广工作进行总结、提炼的基础上，努力探索和思考基层公共图书馆开展阅读推广的理论支持和成效提升措施，寻找图书馆阅读推广的专业化路径，探索推进全民阅读的方式方法，尝试把阅读推广理念贯穿到服务空间建设、文献资源收集整理等图书馆核心业务以及馆员培育等各项工作之中，以期更好地推进图书馆事业发展。

为更好地理解阅读推广，笔者查阅了相关文献。如为了解遂宁市图书馆开展阅读服务的发展历史，笔者翻阅了退休老馆长杨安福留下来的手写记录，关于1990年之前遂宁地区图书馆发展史都是从这些手稿中得知的。在收集基础素材的过程中，得到本馆领导和各位同事的大力支持。我的大学同学，西南交通大学公共管理学院党委书记、教授高凡给了我许多鼓励和帮助，让我鼓足勇气把书稿写了出来。几位编辑也给予很多帮助。在此一并表示感谢。谢谢相关参考文献的作者们，谢谢所有支持、帮助我的老师、朋友！

鉴于个人专业素养、技能和知识水平有限，写作过程也较为仓促，书中难免存在谬误和疏漏之处，敬请专家、学者及图书馆同仁们批评指正，笔者将继续在图书馆学研究和基层公共图书馆业务推进的路途上奋力向前。

王丽蓉
2024年5月

目录

第1章 阅读推广的基础理解 ············· 001
1. 阅读推广的理念 ············· 002
2. 阅读推广的概念 ············· 004
3. 阅读推广的价值体现 ············· 005
4. 阅读指导与阅读推广 ············· 006
5. 四川省地市级公共图书馆阅读推广工作概况 ············· 007
6. 遂宁市公共图书馆阅读服务发展历程 ············· 009

第2章 丰富阅读推广的内容支撑 ············· 015
1. 公共图书馆文献资源的主要特点 ············· 016
2. 公共图书馆文献资源建设基本原则 ············· 017
3. 地市级公共图书馆开展阅读推广的重要内容提供：地方特色文献 ············· 018
4. 遂宁地区文献收藏历史：渊源教育讲学延续文化传承 ············· 019
5. 馆藏文献资源建设的基本要求：把握地方社会经济文化发展方向 ············· 022
6. 地市级公共图书馆文献资源建设的主要措施 ············· 025
7. 《遂宁市图书馆馆藏文献资源建设规划（草案）》 ············· 028

第3章 夯实阅读推广的物化载体 ············· 035
1. 公共阅读空间的重要供给：建设标准化多功能公共图书馆 ············· 036
2. 令人向往的公共图书馆阅读空间：为公众提供优美的阅读环境 ············· 041
3. 遂宁市图书馆公共阅读服务空间的发展变迁 ············· 043
4. 阅读推广活动空间的优化提升：构建新型公共阅读空间 ············· 057
5. 新型公共阅读空间的案例学习 ············· 059
6. 遂宁市建设新型阅读空间的实践 ············· 061
7. 发展新型公共阅读空间的思考 ············· 068

第4章　强化阅读推广的执行力量 ·· 071
1　阅读推广人的主要职责 ·· 072
2　公共图书馆阅读推广人的基本要求 ·································· 073
3　地市级公共图书馆阅读推广队伍现状分析 ······················· 075
4　加强阅读推广队伍建设 ·· 076

第5章　开展阅读推广基础服务 ·· 083
1　完善文献借阅阵地服务 ·· 084
2　多种形式推荐新书好书 ·· 090
3　开展文化主题讲座 ·· 095
4　构建数字阅读推广矩阵 ·· 101
5　强化阅读推广基础服务的几点思考 ·································· 103

第6章　提升阅读推广服务品质 ·· 105
1　公共图书馆阅读推广活动品牌化的价值体现 ···················· 106
2　四川省公共图书馆开展品牌阅读推广活动的实践推进 ······· 106
3　遂宁市图书馆推进阅读推广活动品牌化的积极探索 ·········· 108
4　公共图书馆阅读推广活动品牌建设的几点思考 ················ 133

第1章
阅读推广的基础理解

相比图书馆文献资源建设、读者工作等,阅读推广是比较现代的服务理念。图书馆在阅读推广基础工作方面进行了诸多实践和摸索,积累了一定经验,感受到其需要理论支撑和方法指导。因此,图书馆学界开始关注阅读推广学科知识体系、阅读推广管理与服务、阅读推广活动策划等方面的理论研究,探索阅读推广的服务理念、价值体现和实践方法。只有对阅读推广的基础概念、服务模式、发展历程与发展方向有一定的掌握,才能更好地开展适合各馆实际情况的阅读推广服务。

1 阅读推广的理念

阅读推广这一理念源于全民阅读活动的开展。1972年,联合国教科文组织向全世界发出"走向阅读社会"的号召,呼吁社会成员人人读书,让读书成为人们日常生活中不可或缺的部分。1995年11月,联合国教科文组织正式确定每年的4月23日为"世界读书日"。1997年,中宣部、文化部等部门提出实施"倡导全民读书,建设阅读社会"的"知识工程"。2003年,中国图书馆学会将全民阅读工作提上议事日程并列入年度计划。2004年,全国知识工程领导小组将"全民阅读月"活动交由中国图书馆学会负责承办。2006年,中宣部、教育部等11部门联合发出《关于开展全民阅读活动的倡议书》,倡导"爱读书,读好书"[1]。同年,中国图书馆学会成立了推动全民阅读的组织机构——科普与阅读指导委员会,下设专家委员会、阅读文化研究委员会、推荐书目委员会、家庭藏书读书委员会、图书馆与社会阅读委员会、媒体与社会阅读委员会6个分委员会。2009年,科普与阅读指导委员会更名为中国图书馆学会阅读推广委员会,下设秘书处和15个专业委员会,分别是阅读文化研究委员会、推荐书目委员会、藏书文化委员会、媒体与阅读委员会、网络与数字阅读委员会、残疾人阅读委员会等[2]。"阅读推广"更多地进入图书馆工作者和图书馆学学者专家研究范畴。

笔者在中国知网的学术期刊库中以"阅读推广"为主要主题检索相关文献,检索时间范围从2006年至2023年,显示有6 621篇文献。从发表年代来看,分别为:2006年1篇,2007年2篇,2008年、2009年各3篇。从2010年开始,相关文献逐年快增,分别为16篇、50篇、87篇、186篇、321篇……到2019年最多,为853篇。这些论文大部分是关于图书馆开展的全民阅读活动、推广阅读的理论与实践的论述,既有对阅读推广理论、发展模式与整体策划的研究,如范并思的《阅读推广的理论自觉》(发表在《国家图书馆学刊》2014年第6期)等,也有针对某一主题、特定对象、特定时间开展阅读推广活动的实践探索,如朱淑华的《浅议公共图书馆读者活动——以深圳南山图书馆为例》(发表在《四川图书馆学报》2010年第6期)、周笑盈的《国家图书馆"〈永乐大典〉VR全景文化典籍"实践探索——虚拟现实赋能图书馆沉浸式阅读推广的创新路径》(发表在《国家图书馆学刊》2022年第6期)、夏亮的《文旅融合背景下的公共图书馆阅读推广》(发表在《四川图书馆学报》2021年第6期)、吴仲平等的《少儿图书馆家庭阅读推广中的家长阅读探讨》(发表在《图书馆研究与工作》2021年第12期)等。

通过中国知网,笔者查找到2005年以"阅读推广"为主题的一篇文章《儿童缺失文学滋养将成平面人,作家学者呼吁加大阅读推广力度》,作者是文艺报记者武翩翩,于2005

年6月21日发表在《文艺报》,作者呼吁加大儿童文学的阅读推广,让孩子们"通过阅读这种独特的方式,获得精神上和心智上的沉淀"。在学术期刊库中查找到2006年的篇目是《阅读推广计划——深圳市社区图书馆的发展机遇》,发表在《图书情报工作》2006年第8期,作者是中山大学资讯管理系肖永英、陈永娴。作者指出了深圳社区图书馆推行阅读计划的必要性,分析了港澳台三地区的阅读推广计划,提出深圳市社区图书馆实施阅读推广计划的策略[3]。2005—2009年,关于阅读推广相关的文章很多发表在报纸如《中国新闻出版报》以及其他非图书馆学专业的期刊如《文学教育》等刊物上。从2010年开始,发表在《图书馆论坛》《图书情报研究》《图书馆杂志》等图书馆学专业期刊上的阅读推广相关论文逐渐增加。

华东师范大学信息管理系教授范并思,长期从事图书馆学专业研究,从他的研究中可以看出,他于2010年开始将理论重心从公共图书馆转向阅读推广。他在文章中提到:"2013年前后我才看到阅读推广已经成为图书馆服务事实上的组成部分,这激发我去探寻阅读推广的概念基础、价值基础、法理基础及其他基础理论问题。"[4]

2015年,中国图书馆学会组织编写"阅读推广人"培育行动系列教材,由北京大学信息管理系教授、博士生导师,中国图书馆学会阅读推广委员会顾问王余光和中国图书馆学会秘书长,管理学博士霍瑞娟担任主编,第一辑出版六种,分别是《图书馆阅读推广基础工作》《图书馆阅读推广基础理论》《图书馆经典阅读推广》《图书馆时尚阅读推广》《图书馆数字阅读推广》《图书馆儿童阅读推广》。第二辑编辑出版了《图书馆讲坛工作》《图书馆家庭阅读推广》《图书馆绘本阅读推广》等。截至2022年,阅读推广人系列教材编委会共编辑出版6辑36种教材。

从这里看到,阅读推广工作从2006年开始有关注目光和相关文章,到2010年,图书馆学界的探索和研究逐渐兴盛。公共图书馆特别是地市级公共图书馆也是从这时开始更多地关注阅读推广,重视阅读推广,丰富阅读推广活动,不少地市图书馆成立了专门的阅读推广部室或者读者服务部负责相关工作。

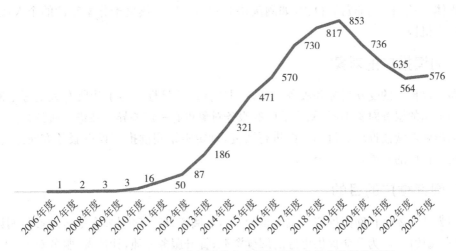

图1.1 2006—2023年度阅读推广主题相关论文发表数量曲线图

图书馆界社会组织以及学界专家学者对阅读推广理论的研究成果,对公共图书馆阅读推广工作提供了理论支持和技术指导,提高了工作成效,助力公共图书馆为推进全民阅读和建设书香社会做出更多更优质的贡献。

2 阅读推广的概念

2019年,科学出版社出版的《图书馆·情报与文献学名词》,将"阅读推广"列入图书馆情报与文献学名词,定义为:图书馆或其他文化部门开展的培养公众阅读意愿或阅读能力,促进公众阅读行为的服务[5]。华东师范大学信息管理系教授范并思认为:阅读推广是新型阅读服务、活动化服务,"是全民阅读时代的阅读服务,服务宗旨是提升公众的阅读意愿与阅读能力"。从这一定义来看,阅读推广是图书馆读者工作的基本内容和重要组成部分,其实质就是通过提供各种形式的阅读服务,促进阅读、传播知识、交流信息、提升公众阅读品质。

笔者理解的阅读推广就是通过高品质的阅读服务和丰富多彩的阅读活动吸引更多人阅读,倡导爱阅读、会阅读,让爱阅读的人有更优质的阅读资源,让爱阅读的人取得更好的阅读成果,从而营造人人爱读书、多读书、会读书、读好书的全民阅读氛围,通过阅读经典名著、阅读优秀典籍提升公众综合文化素养。相比传统的阅读服务工作,新时代的阅读推广更倾向于图书馆主动作为、靠前服务,在尊重阅读自由的基础上,对读者的阅读兴趣、阅读行为和阅读能力给予积极影响与引导。

2.1 阅读推广的主体

即"阅读推广活动的发起者、组织者、实施者和管理者"。根据《图书馆·情报与文献学名词》定义是"图书馆或其他文化部门"。其中,公共图书馆毋庸置疑应为阅读推广的主体;"其他文化部门"范围甚广,包括政府文化主管机构及相关部门、教育机构、出版机构、新闻媒体、网络平台、非营利机构(如阅读协会)等等,以及热衷于分享阅读的个人成立的阅读推广机构。

2.2 阅读推广的对象

即阅读推广的受众目标和服务对象。阅读推广的目标是为了让所有人更好地阅读,不同图书馆的服务对象不同,阅读推广的服务对象也有一定差异。在进行阅读推广时,不同图书馆要对阅读推广的目标人群进行研究,确定本馆阅读推广重点服务方向。公共图书馆阅读推广的对象是社会公众。

2.3 阅读推广的目的

即为什么要进行阅读推广。主要是为了激发阅读兴趣,吸引公众更多地参与阅读、学习;丰富阅读内容,为公众提供更好的阅读资源;提升服务品质,让读者(服务对象)可以更好地阅读;提高阅读成效,助力读者获得更高的阅读收益。范并思教授认为,部分公众的阅读意愿和阅读能力不足,"成为他们走进图书馆的最后一道门槛","传统阅读服务(中性服务)无法顾及阅读匮乏人群"。在部分地区,尤其是在基层,许多图书馆依然缺少读者,因此有必要宣扬阅读、干预阅读、保障阅读,提升阅读意愿与能力。阅读推广是全民阅读对图书馆服务的要求。

2.4 阅读推广的内容

包括阅读行为和文献资源。阅读推广是图书馆阅读引导功能的进一步深化和提升,不仅涵盖单纯的文献借阅服务和图书馆宣传,更趋于通过精心策划的活动,主动将"阅读服务"推向社会,展示给公众,保证图书馆文献资源交流和利用向广度和深度发展。阅读推广不仅仅要向公众提供优秀的阅读读物,还应包括编制推荐书目、开展阅读讲座和文化展览、策划组织阅读活动(如"4·23"世界读书日活动)、开展读者体验式阅读活动(如经典诵读和表演)等新型阅读服务。

3 阅读推广的价值体现

关于图书馆开展阅读推广工作的价值意义,有人认为阅读是公众自由,是读者的个人行为,担心阅读推广服务会"干预"读者的个人选择;也有人认为"阅读"是公众个人应有的行为习惯,不应该用"推广"来加以量化。笔者认为,图书馆开展"阅读推广"不是对公众阅读内容、阅读行为的单纯介入,而是对全民阅读服务体系的巩固,对公众阅读内容供给的完善,对大众阅读服务品质的不断优化,对全民阅读成效的不断提升。

3.1 助力构建公共文化服务体系

"倡导全民阅读"是国务院的工作重点之一,文化和旅游部印发的《"十四五"文化和旅游发展规划》提出要"精准对接人民群众文化需求,推动建立订单式、菜单式公共文化产品和服务平台。广泛开展全民阅读和全民艺术普及活动"[6]。《四川省"十四五"文化和旅游发展规划》明确要求,"持续打造文化和旅游公共服务品牌……广泛开展家庭阅读、校园阅读、单位阅读、社区阅读、乡村阅读、军营阅读等全民阅读推广活动,培育'书香天府'阅读品牌"[7]。建立、完善阅读服务网点,开展阅读推广工作是公共图书馆的职责担当。

3.2 强化图书馆阅读服务实践能力

《中华人民共和国公共图书馆法》第三十三条规定,"公共图书馆应当免费向社会公众提供下列服务:文献信息查询、借阅……公益性讲座、阅读推广、培训、展览";第三十六条规定,"公共图书馆应当通过开展阅读指导、读书交流、演讲诵读、图书互换共享等活动,推广全民阅读"[8]。阅读推广是公共图书馆提升阅读服务品质和成效的有效途径。近年来,各级公共图书馆基于文化服务功能实现自觉,通过高效优质的全民阅读推广工作,将阅读服务主动呈现在公众面前,展示图书馆服务效能。利用馆藏文献资源和服务平台,通过开展文献展览、专题讲座、阅读沙龙等活动,引导读者阅读文献,了解优秀文化,让馆藏特色文化资源活起来。同时,阅读推广工作对图书馆的阅读服务能力和服务主动性、灵活性、品质化提出了更高要求。

3.3 保障群众阅读文化的基本权利

阅读是人们获取知识的主要途径,是社会公众的基本权利,通过阅读,人们可以获取知识、认识世界。2017年,国家新闻出版广电总局发布的《全民阅读促进条例(征求意见稿)》第二条明确指出,"国家促进全民阅读,应当遵循公益性、基本性、均等性、便利性的原则,培养公民阅读习惯,提高公民阅读能力,提升公民阅读质量,传播有益于公民全面发展和社会文明进步的科学文化知识。国务院和地方各级人民政府应当依法保障公民参加全民阅读活动的权利"[9]。阅读推广是倡导"爱读书、多读书、读好书"的积极践行,图书馆通过免费开放和优化公益阅读活动等提升公众借阅文献的便捷度,保障群众阅读文献的基本权利。

3.4 提升社会公众阅读品质

阅读推广的社会效应主要体现在扩大读者个体对文献的高效利用,丰富完善社会成员的知识储备和结构。通过阅读推广可以培养公众更高的阅读意愿和兴趣,提升读者的阅读能力和阅读成效。阅读推广活动助推四川省全民阅读发生质的变化,中国新闻出版研究院发布的《四川省2022年全民阅读状况调查报告》显示:四川省公共阅读服务水平显著提升,公众对阅读重要性的认知程度逐年增高,82.1%的成年居民认为,对于个人的生存和发展来说,阅读是重要的,这个数据比2021年增长0.5个百分点。成年居民平均每人每天花费在阅读纸质图书上的时间为20.56分钟。0～17周岁未成年人图书阅读率为85.2%,比2021年增长0.4个百分点,人均图书阅读量为9.74本。75.0%的0～8周岁儿童家庭有陪孩子读书的习惯[10]。

3.5 营造更浓的社会阅读氛围

环境对个体的影响不可忽视,阅读推广活动可以营造更加浓厚的社会阅读氛围。因此,四川省各地市级公共图书馆推广全民阅读活动,联动打造书香家庭、书香社区、书香校园、书香企业、书香机关,全方位营造浓厚的社会阅读氛围,带动形成"书香弥漫四川大地,人人奋进共筑中国梦"的阅读文化风气[11]。2024年,第二届"书香天府·全民阅读"大会暨2024"新时代乡村阅读季"开幕现场发布的《四川省2023年全民阅读状况调查报告》显示,2023年,四川省居民阅读总指数为69.05,较2022年增长0.78;居民个人阅读指数为73.61,较2022年提高0.73;公共阅读服务指数为64.84,较2022年提高0.83,较2020年、2021年的61.54、62.85分别增长2.47、1.16。满意度调查显示,各类公共阅读服务设施中,城镇成年居民对公共图书馆的满意度最高,2022年、2023年分别为73.9%、74.4%。全民阅读品牌建设不断完善,成年居民对全民阅读品牌活动的知晓率为74.6%,较上年增长1.7个百分点[12]。

4 阅读指导与阅读推广

"阅读指导"是图书馆读者工作的基本内容之一,包括"提高阅读认识,扩大文献视野,普及检索方法,培养阅读技巧,以及提倡系统阅读"[13]。《图书馆·情报与文献学名词》中将阅读指导定义为"对读者的阅读目的、内容与方法给予积极影响的阅读引导活动"[14]。阅读指导在具体工作中更多的是基于传统阅读方式,以广大读者为对象宣传图书馆、推荐优秀图书。其重点放在图书馆的服务宣传上。

"阅读推广"则是一项更为复杂的系统工程,不仅涉及图书馆,还涉及政府、出版单位、媒体、书刊经销商以及相关社会组织,内容包括构建舒适的阅读空间、营造良好的阅读氛围、提供丰富的优秀读物、组织形式多样的阅读活动,从而激发、提升公众的阅读兴趣,优化公众阅读品质,促进社会综合文化素养的提高。其重点放在图书馆的服务质量提升上。

4.1 阅读指导与阅读推广的相同点

一是服务对象相同,都以读者为对象;二是服务宗旨相同,都以提倡阅读为宗旨;三是工作目标相同,都以提高阅读认识、深化阅读兴趣和提升阅读成效为目的。

4.2 阅读指导与阅读推广的不同点

4.2.1 阅读推广主体意识更强

阅读指导强调的是"指导",而阅读推广强调的是"引导"。早期的阅读指导的职责主要是由图书馆在承担,即使各地相关部门成立了专门的全民阅读指导委员会,但是大多将主要工作安排给各级公共图书馆承办,其他指导委员会成员单位基本只是出"名"、站"台",而未具体参与其中。而在当前的阅读推广工作中,图书馆不再"一家独大",各级宣传部、精神文明办、文化和教育行政主管部门、团委、妇联、工会以及出版单位、媒体、相关企事业都参与了进来,纷纷主动策划组织阅读活动,甚至有不少个人也通过建立阅读协会、组织读书交流会等,以民间组织的形式投入阅读推广工作之中。

4.2.2 阅读推广内容更加丰富

阅读指导侧重于指导读者如何查找文献、检索信息,通过阅读获取所需的知识和技能。阅读载体以纸质读物为主。阅读推广侧重于激发公众阅读兴趣,提升阅读技巧,丰富文化内涵。阅读载体包括图书报刊、音像制品、缩微制品、数字资源等,纸质读物和数字资源,数者并重,推广的内容不仅局限于文献资源,还包括文化创意开发、资源挖掘利用等。

4.2.3 阅读推广形式更加多彩

阅读指导侧重于"阅"读,包括编制推荐书目、交流借阅书刊、组织专题报告和学术讲座等。阅读推广侧重于"悦"读,更重视公众的阅读体验和阅读感受,在形式上更"活",融入更多的互动交流活动,其目标是把公众的阅读兴趣激发出来,把主动参与性调动起来。

5 四川省地市级公共图书馆阅读推广工作概况

在推进全民阅读落"实"趋"深"的实践中,公共图书馆阅读推广服务的社会作用不可或缺。公共图书馆是文化传播的重要机构,组织开展的阅读推广工作更具中立性、公益性和客观性,在推动全民阅读上具有更多优势,各级公共图书馆对阅读推广的具体实施也体现了其作为阅读推广主力的重要作用。

2006年,四川省发起农民读书节(月)活动,启动全省全民阅读活动。2015年,出台《"书香天府"全民阅读活动总体方案》,开展以"书香天府"为品牌的全民阅读系列活动,积极培育书香家庭、书香社区、书香校园、书香企业、书香机关等,竭力构建覆盖较为广泛的阅读服务网络。全省209个公共图书馆结合实际,开展了讲座、展览、节庆阅读活动等形式多样、内容丰富的阅读推广活动。《四川省2022年全民阅读状况调查报告》显示,四川省成年居民综合阅读水平高于全国平均水平。2022年,成年居民包括纸质书报刊和数字出版物在内的各媒介的综合阅读率为82.4%,图书阅读率为52.7%,呈逐年递增趋势。成年居民人均纸质图书阅读量为4.91本,人均电子书阅读量为3.67本[15]。2021年以来,图书馆多个全民阅读品牌、案例入选四川省文旅公共服务高质量发展"四个一批"项目(表1.1)。

表1.1 2021—2022年阅读推广工作入选四川文旅公共服务高质量发展"四个一批"名单

年份	优秀品牌		优秀案例	
	名称	单位	名称	单位
2021年度	城市阅读美空间	成都市图书馆	成都市公共图书馆用第三代社保卡作读者证免注册服务	成都图书馆
	青少年DIY创意图书制作	自贡市图书馆	"悦读空间"服务项目	自贡市图书馆
	攀枝花市民讲坛	攀枝花市图书馆	旺苍县图书馆"张文敬科普阅览室"建设与服务	旺苍县图书馆
	泸州市纳溪区图书馆"清凉夏日 快乐阅读"	纳溪区图书馆	幺幺玩绘本	内江市图书馆
	"永宁之声"全民阅读推广	叙永县图书馆	筠连县幼儿绘本阅读活动	筠连县图书馆
	旌阳区图书馆"阅享悦读"系列活动	德阳市旌阳区图书馆	邓小平文献巡展	邓小平图书馆
	"书香遂宁·畅享悦读"暨遂宁书市	遂宁市图书馆	指尖上的图书馆	达川区图书馆
	"悦读·阅美"全民阅读活动	遂宁市安居区图书馆	"书香伴成长计划"开江县农村留守儿童课外阅读辅导	开江县图书馆
	"最美夕阳红·幸福e时代"——中老年读者计算机培训	广元市图书馆	安岳县图书馆馆中馆《汪毅文献特藏馆》	安岳县图书馆
	"千年古城·万家书香"全民阅读文旅共建项目	阆中市图书馆	乐至县"五点钟书屋"	乐至县图书馆
	"书香宜宾大讲坛"讲座活动	宜宾市图书馆	创新阅读空间——羌族文献数字化阅读	茂县图书馆
	小丽妈妈讲故事	邓小平图书馆	书香德昌全民悦读	德昌县图书馆
	文化惠民在身边·巴渠大讲堂	达州市图书馆	"默化——古籍里的传统医学文化与当代生活、艺术的潜移"展览	四川省图书馆

续表

年份	优秀品牌		优秀案例	
	名称	单位	名称	单位
2021年度	眉山市"我读苏东坡"朗读会	眉山市图书馆	四川省民间文化艺术之乡线上体验专题	四川省图书馆
	"阅读存银行·书香传万家"	资阳市图书馆	—	—
	阿来书屋	阿坝藏族羌族自治州图书馆	—	—
	"康巴讲坛"系列公益讲座	甘孜藏族自治州图书馆	—	—
	巴蜀讲坛	四川省图书馆		
2022年度	书香花城全民读书节	攀枝花市图书馆	"成渝地·巴蜀情"系列活动之"信仰的力量——庆祝中国共产党成立100周年川渝'阅读之星'诵读大赛"	四川省图书馆
	"湔江讲坛"公益讲座	彭州市图书馆	成都都市圈暨成德眉资一体化图书通借通还	成都图书馆
	秦巴大讲堂	巴中市图书馆	阅读社群的运营	遂宁市阅读协会
	川图·微图书馆	四川省图书馆	渠县"翻书越岭"爱心图书捐赠活动	渠县图书馆
	快乐共享阅读	屏山县图书馆		

6 遂宁市公共图书馆阅读服务发展历程

阅读推广这一概念虽然提出较晚，但我国公共图书馆从诞生开始，便一直担负着向公众提供阅读服务和指导公众阅读行为的职责。1904年，浙江古越藏书楼正式向社会各阶层开放，标志着我国近代公共图书馆的诞生，也标志着藏书机构开启了阅读服务这一职能。这一时期，图书馆的主要职责是向公众开放，提供书籍借阅，以达成开展社会教育的目的。这之前，不论是公立藏书楼还是私人藏书楼，均以"藏"为主要建设目的，仅供一定范围内的特殊人群查阅资料，根本没有"阅读指导""阅读服务"这个概念。

公共图书馆的阅读服务经历了从单纯文献借阅服务到阅读指导（辅导），再到全民阅读活动、阅读推广的不断演变提升的过程。2018年开始施行的《中华人民共和国公共图书馆法》明确指出："公共图书馆是社会主义公共文化服务体系的重要组成部分，应当将推动、引导、服务全民阅读作为重要任务。"[16]作为向社会公众免费开放，收集、整理、保存文献信息并提供查询、借阅及相关服务，开展社会教育的公共文化设施，秉承新发展理念和为公众服务宗旨的公共文化服务单位，各级公共图书馆一直致力于利用阵地设施、馆藏文献和服务体系等资源优势，开展高品质阅读服务活动，担当公众阅读的倡导者、组织者和促进者，遂宁市图书馆也不例外。

6.1 1949年以前的公共图书馆阅读服务：以普及教育为主要目的

被民政部公布为第一批著名抗日英烈的李家钰，任遂宁驻军首领时在遂宁修马路、兴市政、办学校，开展平民教育，建立遂宁图书馆，遂宁开始有了公共图书馆，馆址设在遂州公园，建于夏鲁奇碑亭前，为一楼一底的木房。1931年，李家钰在船山公园内另建一楼一底的砖瓦房作图书馆馆舍，上为书库，下为阅览室，为民众提供图书阅览服务。

1938年，教育部改通俗教育馆为民众教育馆，令"各县级图书馆、通俗教育馆、民众公园合并入民众教育馆，将图书馆作为推行民众教育的实施机构之一，合并入民众教育馆，以统一社会教育力量，开展民众教育"。图书馆作为民众教育馆的组成部分，由专人提供图书借阅服务。1939年，教育部编印《社会教育机关协助各级学校兼办社会教育办法》，其第六条规定"各省市县立图书馆对于区内各学校兼办社会教育协助的事项是：一、介绍并借予各学校兼办社会教育的教材；二、办理巡回文库供给各学校所兼办的民众学校及家庭教育读物。"

1947年8月，遂宁中正图书馆建成并投入使用。当时遂宁的学校数量并不少，但学校图书缺乏，教师教学无参考资料，学生课外无自修书籍，养不成读书的风气，得不到课外的补益。从社会方面来看，迷信的风气重，大家只知道捐款修建禅堂、举办庙会，只顾投资商场谋取私利，"社会风气向颓废险恶方面倒流，大家不知其危；没有书读，学识水准日益降落不怜其苦"。因此筹建者在《为蒋主席六秩大寿献图宣言》中提出："我们不仅要建设一个规模完备的图书馆，不只内容要把大、中、小学所需要的参考书籍充分购足，中外古今名著也要尽量收集。在建筑上要宏伟敞亮，使阅读者引起兴趣，倡导社会人士读书的风尚。同时，要保留相当的基金，以其余息金作为添购书籍、修建馆舍，聘请管理图书专家之用。"[17]

虽然《宣言》中提出了大量收集大中小学的参考书和古今中外名著的任务，但实际上该馆除接收原民众教育馆管理的图书外，并未添多少新书。不过遂宁中正图书馆的建立使遂宁公共图书馆事业得到发展，"使阅读者引起兴趣，倡导社会人士读书的风尚"的宣言表明了当时遂宁公共图书馆的阅读推广意识。

6.2 1949年至改革开放以前的公共图书馆阅读服务：以宣传党政方针普及科学文化知识为主要目的

1950年，遂宁县人民政府组建文化馆，将中正图书馆与民众教育馆合并并入遂宁县文化馆，原图书馆所藏书籍全部移交遂宁市文化馆封存，另外从新华书店购进近万册新书陈列于阅览室供群众阅读。当时文化馆主要开展三项工作，其中之一便是以原"遂宁中正图书馆"的阅览室为阵地，面向群众开放，提供图书阅览服务，开展社会宣传教育。因为新中国成立，广大人民群众需要了解党的方针政策，都想从新书中得到解答，图书室的开放对宣传党的各项政策起到重大作用。1955年，四川省文化局在关于图书处理工作的指示中规定："有条件的文化馆应当在业务中适当增加图书经营，添置一批故事性强的适合于水平低的读者阅读正当有益的图书"，"加强图书流通借阅工作"。

1956年8月，遂宁县图书馆成立，将"利用图书及其他出版物宣传马列主义，进行社会主义的爱国教育，使人民获得科学知识"列为首要工作任务，开始利用阅览室等服务阵地开展图书阅览和外借流通工作，工作人员除每天陈列书刊、报纸供读者阅览外，还在星期六晚上挑选儿童读物提供给少年之家和县文化馆，组织儿童阅读学习。强调工作人员要重视读者的阅读辅导工作，明确要求："重视读者的阅读辅导工作：①要了解读者需要，熟悉馆内藏书，指导读者阅读；②举办读书报告会、座谈会及读书小组，编制各种推荐书目。"遂宁县图书馆还把阅读服务向馆外延伸，在农村建设农村图书室，开展送书下乡活动，油印农村科技知识资料并发送给农民读者；组织城区读书小组、农民读书小组、儿童读书小组，在乡区俱乐部设立图书借阅点，实行流动借阅服务，到1975年，协助建立的农村图书室数量达123个，让馆藏图书得以在农村读者中流通。印发《怎样办农村图书室》的业务辅导资料，指导开展阅读服务工作。

6.3 1980年至21世纪初的公共图书馆阅读服务：从被动借阅服务向主动提供阅读服务的转变

这一时期的公共图书馆开始改变过去在馆内坐等读者上门的服务模式，积极思考、探索创新服务方式，在经费紧张的情况下，一些图书馆也曾尝试"以文补文"，在保障公益性服务的基础上为读者提供有偿阅读服务。

1985年，遂宁建立省辖市，遂宁县图书馆改为遂宁市图书馆。遂宁市图书馆成立后，通过"一改二变三主动"，积极推进图书馆阅读服务事业发展。

"一改"就是以改革精神为动力推进图书馆服务发展，提高图书借阅流通率。一是改变过去守摊式的借还服务方式，改图书外借处和报刊阅览室的闭架借阅为开架借阅，提高图书利用率。二是改定期限额办理借阅证为面向社会敞开办证，简化办证手续，做到随到随办，使读者数量不断增加。三是改进服务质量，在寒暑假期间延长开馆借阅时间，利用阅览室场地举办了"初中英语补习班""硬笔书法学习班""青少年书法学习班"等学生阅读学习培训。在春节期间开展"智力竞赛春谜"活动，提升青少年阅读学习兴趣。

"二变"就是改变单纯的借阅服务，积极开展各种阅读活动。一是举办"振兴中华"读书知识竞赛答题活动，围绕具有广泛的知识性、科学性、趣味性和地方性的内容，进行了为期18天的知识竞答活动，吸引500余人参加，评选出一、二、三等奖47名，由市委宣传部、市文化局联合表彰，该活动推动了家乡文史知识阅读。二是开展多种形式的学术读书讲座活动。先后开展了"清代诗人张船山学术讲座""读书报告会"和不定期的读者座谈会，组织读者交流阅读学习方法和阅读心得体会，一名读者表示"每当遇到工作和学习上的难题，我还是习惯性地来到图书馆查阅资料，离开学校门，图书馆就是我的第二母校"。三是了解读者需求，做好"为书找人，为人找书"的馆藏书刊服务。根据读者需求提供相应的书籍，如为一名公安部门读者推荐《刑事侦查》一书，帮助其找到指纹鉴定的科学论证，协助办理案件。根据读者建议，调整书刊采购计划，增加遂宁当时经济社会发展所需要的轻纺、食品加工、化工印染等方面的新书。

"三主动"就是从全局着眼，统筹兼顾，主动配合我市政治文化经济发展需要，开展阅读服务。一是配合"三优一学"树新风活动，在武装部队、学校举办"'两山'英模报告会"录像放映活动，宣传英模事迹。二是配合法制宣传开展普法知识阅读学习和宣传讲演活动。如与市普法办、团市委、市电影公司等单位联合举办了《少年犯》影片观后感和普法演讲比赛；与市电力公司、市棉纺织厂等单位联合举办了"遂宁市首届电视法律知识抢答赛"。三是配合中心工作，搞好阵地阅读服务和宣传。在"五一"国际劳动节、"八一"建军节、"十一"国庆节等节日期间开设专题图书展示，向读者展示各种法制书籍、老一辈革命家的传记和战争回忆录等。开设墙报专栏宣传党的各项方针政策,主办编印"内部参考资料"及《信息资料》《图书往来》推荐经典名著。四是办好四川自修大学遂宁辅导站和中国书画函授大学遂宁分校,发挥图书馆社会教育的职能作用,拓展阅读服务范围。五是加强横向联系,开发文献资料,联合市科委编印科技实用技术资料,为读者提供实用文献信息服务。1989年,遂宁市图书馆被四川省文化厅评选为"读者服务工作先进单位"。

在文化信息服务和基层阅读服务方面,遂宁市图书馆通过"送图书下乡"活动,向农民读者发放科普知识宣传单,赠送农科读物,协助乡(镇)、村建设图书阅览室。1992—1999年,共为农民读者发放农科资料200万份,向基层图书室赠送农村读物1万余册。

在传统阅读活动方面,遂宁市图书馆开展了"多读书、读好书"活动,通过向读者推荐新书好书,在中小学校开展读书征文活动等形式,大力推动社会读书热潮。1990年,遂宁市图书馆在市委宣传部、市教委、市文化局等部门指导下,通过募集资金的方式筹建了少儿阅览室,与城区学校联合举办了"遂宁市少儿阅览室学雷锋学赖宁演讲比赛""一分钟知识抢答赛""新书展阅"等活动,开启了少儿专题阅读服务。在2002年开展的"中小学生读书作文征文活动"中,全市共有290篇文章参加最终评选,60篇文章获得市委宣传部等四部委局的表彰。2000—2005年,遂宁市图书馆共接待读者48万余人次,借阅书刊65万余册次,新办读者借书证1.5万余个。

在阅读服务现代化发展方面,遂宁市图书馆开始尝试自动化建设。1999年,组建"图书馆电脑小组",学习电脑基础知识,通过分析研究,筹备推进自动化管理,为读者提供现代化阅读服务。2002年,遂宁市图书馆自筹和引进社会资金共40万元,开办了电子阅览室。电子阅览室拥有电脑130余台,接入了全国文化信息资源共建共享工程四川省中心系统,共享省中心数字信息,同时将遂宁的图书和信息发布融入共建共享网络,初步探索数字阅读服务方式。

1992年开始,遂宁市图书馆大胆改革,尝试拓展阅读服务范围,先后开办了"绿绮画室""信息情报服务中心""中通读书社""多味书屋"等有偿服务项目。信息服务中心主要向群众提供致富信息。中通读书社则是在城区东、南、西、北区域各设置了1个馆外图书借阅点,聘请社会人士为群众提供便民借阅服务,收取较为优惠的图书租金。多味书屋则设在馆舍闲置门面,从馆员中筹集资金,购买比较受当时读者欢迎的武侠类、言情类书籍,面向读者开展有偿借阅服务,与馆内免费借阅服务互为补充。

6.4 21世纪以来的公共图书馆阅读推广:内容丰富,形式多彩,品质不断提升

进入21世纪,特别是近十余年以来,各级政府对公共文化事业的投入逐年递增,公共图书馆的基础设施得到很大改善。阅读推广理念开始进入公共图书馆服务理念,范并思认为:阅读推广是图书馆新型阅读服务。各级公共图书馆积极思考,大胆探索,开展内容丰富的基础阅读服务,保障各类人群的阅读权利,组织形式多彩的阅读推广活动,以宣传全民阅读,普及阅读行为。

2013年开始,遂宁市图书馆开展两年一届"遂宁市书香家庭""全民阅读示范单位"评选活动。2016年开始,每年组织一届"书香遂宁·畅享悦读"暨"4·23"全民阅读系列活

动。2018年初,创新开展"书海观澜"阅读能力提升行动,取消传统的读者证,推行电子证借阅;取消押金,推行诚信管理;提倡公益志愿服务;整合资源,构建区域内图书馆联盟。2019年,实施社保卡"变身"读者证项目,以Interlib图书馆集群业务管理系统为依托,打通人社系统用户数据,实现线上直接使用"数字图书馆"等,全市所有持社保卡的群众均可直接激活电子社保卡成为读者证。2020年,创新开展"悦读吧·遂宁"主题诵读活动,解决了手机端与资源库连接的技术问题。依托现代图书馆理念和技术,建立融实体图书馆和虚拟图书馆于一体的专题性图书馆——遂宁市民兵图书馆。2021年,充分发挥区域联合和数字图书馆的资源和技术优势,创新开展党史学习教育。2021年,"书香遂宁·畅享悦读"暨遂宁书市被四川省文化和旅游厅评为优秀品牌;2022年,遂宁市获"我心目中的书香城市"称号,遂宁市图书馆被四川省人民政府授予四川省金熊猫奖先进集体。

参考文献

[1] 吴尚之. 深入推动全民阅读,努力建设书香社会[J]. 中国出版,2022(9):8-9.

[2] 邱冠华,金德政. 图书馆阅读推广基础工作[M]. 北京:朝华出版社,2015:11-12.

[3] 肖永英,陈永娴. 阅读推广计划:深圳市社区图书馆的发展机遇[J]. 图书情报工作,2006,50(8):102-105,86.

[4] 范并思. 图书馆阅读推广的学科化小议[J]. 图书馆理论与实践,2023(1):7-10,26.

[5][14] 图书馆·情报与文献学名词审定委员会. 图书馆·情报与文献学名词[M]. 北京:科学出版社,2019:205-206.

[6] 文化和旅游部. "十四五"文化和旅游发展规划[EB/OL]. (2021-04-29)[2024-04-01]. https://zwgk.mct.gov.cn/zfxxgkml/ghjh/202106/P020210602572504684474.pdf.

[7] 四川省文化和旅游厅. 四川省"十四五"文化和旅游发展规划[EB/OL]. (2021-12-15)[2024-04-01]. http://wlt.sc.gov.cn/scwlt/gsgg/2021/12/15/742725e90653420da30bb246f7a1da4a/files/5a879082c7d14cbfb769d4d628573d46.pdf.

[8][16] 中国人大网. 中华人民共和国公共图书馆法[EB/OL]. (2018-11-05)[2024-04-04]. http://www.npc.gov.cn/zgrdw/npc/xinwen/2018-11/05/content_2065662.htm.

[9] 人民网. 全民阅读促进条例(征求意见稿)[EB/OL]. (2017-04-05)[2023-05-04]. https://media.people.com.cn/n1/2017/0405/040606-29190439.html.

[10][15] 肖姗姗,成博,边钰. 2022年四川成年居民人均每年阅读纸质书20.56分钟,你拖后腿了吗?[EB/OL]. (2023-04-26)[2024-05-05]. https://finance.sina.com.cn/jjxw/2023-04-26/doc-imyrswtm4096647.shtml.

[11] 四川省全民阅读活动指导委员会办公室. 书香天府 全民阅读——2015年四川省全民阅读活动经验汇编[M]. 成都:四川省全民阅读活动指导委员会办公室,2015.

[12] 四川省人民政府. 调查显示,全省居民阅读指数持续攀升打开阅读新方式 数字阅读成潮流[EB/OL]. (2024-04-28)[2024-05-05]. https://www.sc.gov.cn/10462/10464/10797/2024/4/28/495f281cc2ef45c0b7f6e9fb0ccd0fbe.shtml.

[13] 张树化,赵世良,张涵. 图书馆读者工作教程[M]. 北京:北京大学出版社,1986.

[17] 政协遂宁市中区文史资料委员会. 遂宁文史资料选辑:第十辑[M]. 遂宁:[出版者不祥],1993.

第 2 章
丰富阅读推广的内容支撑

地市级公共图书馆阅读推广探索与实践
——以遂宁市图书馆为例

图书馆的文献资源是图书馆提供给读者查询、借阅,用来开展阅读服务和阅读推广活动的重要物质基础和重要内容,是根据本馆职能任务和读者需求,系统地采集、收藏并提供给读者使用的文献信息总和[1],包括但不限于纸质图书报刊、数字化信息资源等各种形式和载体的文献,是图书馆构成要素之一。在2023年中国图书馆年会第4分会场论坛交流中,中国图书馆学会阅读推广委员会主任李东来提出,图书馆开展阅读推广的重点在于文献资源的整体、关联与揭示。文献资源建设和文献资源体系构架是图书馆的重要业务工作,能够提升图书馆文献资源的建设品质,为阅读推广专业化发展提供优质的内容支撑。

1 公共图书馆文献资源的主要特点

公共图书馆是具有综合性质的图书馆,其馆藏文献资源具有综合性和地方性的特点,既覆盖了广泛的学科领域,又与本地区的自然环境、物产资源、经济建设、文化教育等实际情况和特色相适应,既具备规范的存储体系,又面向社会公众免费提供借阅服务。馆藏文献资源为公共图书馆开展阅读推广活动提供了重要、规范、有特色的内容支持,具有收藏全面、公共使用、检索方便、长期保存等特点[2]。

1.1 知识覆盖面广,满足多种需求

公共图书馆主要服务于本地社会公众,读者的年龄、学识、职业层次多样,结构复杂,为最大限度地满足读者需求,各公共图书馆努力在最大范围内保证馆藏文献资源知识领域的全面性,加之信息资源共建共享的"保驾护航",使得公共图书馆的文献资源能够为读者提供学科涵盖较为全面、知识普及性较强的阅读支持,公共图书馆成为全民阅读推广重要的内容支持主体部门。

1.2 存储体系规范,文献检索方便

公共图书馆从本馆的目标任务和服务对象出发,按照一定的重点和范围,有计划、有目的地采集和收藏文献资源,形成了自己的馆藏体系。这些馆藏文献资源经过精心挑选,按照一定的规则进行分类编目、科学排架,有一定学科体系规范,有利于读者根据馆藏目录、文摘索引、新书推荐等进行检索和查阅。很多公共图书馆为保存文献建立了专门书库,设置了适宜的保存条件。这些文献资源被最集中、最大量、最稳定、最持久地保存和传承,得以发挥现实和潜在的作用,既为继承和发展人类文化、创造文明提供可靠保障,也为广大读者提供可资回溯查阅的重要文献信息提供源。公共图书馆成为阅读推广最规范的内容支持部门。

1.3 面向社会开放,公众免费使用

文献资源的开发利用程度和对社会发展所发挥的作用是衡量公共图书馆价值体现的重要标准。随着我国经济高速优质发展,公共图书馆的基础设施、服务条件得到前所未有之发展,不仅面向社会各阶层不同年龄、职业、文化程度的各类读者群开放,而且馆藏文献

资源也均免费提供借阅服务，"公众走进图书馆已经没有任何门槛"。公共图书馆成为阅读推广最方便的内容支持部门。

2　公共图书馆文献资源建设基本原则

建立科学合理的馆藏文献资源体系可以确保阅读推广工作有效开展。公共图书馆的文献资源既要有数量，更要有质量；既要学科种类齐全、类型多样，更要能反映当代科技、文化、经济发展成就；既要具有地方性和特色化，更要满足服务对象的阅读需求。公共图书馆文献资源建设在确保馆藏文献资源思想内容正、学术价值高的前提下，要坚持系统性、实用性、特色化原则，这对阅读推广具有重要意义。

2.1　建设综合型系统性文献资源

文献资源建设的系统性是对馆藏文献资源建设的基本要求，也是图书馆服务对象的阅读需求。公共图书馆阅读推广的目标之一就是帮助公众更好地阅读，取得更好成效，科学系统的文献资源可以帮助读者进行系统学习和阅读。地市级公共图书馆建设综合型系统性的文献资源要注意统筹好馆藏文献重点部分、特色部分与一般部分的关联与区别：重点馆藏文献要具有典型性、代表性和相对稳定性，力求完整齐备；一般馆藏文献要保证满足公众"基本阅读需求"。各部分要保持合理的比例，最终建成知识覆盖面广、学科结构合理、文献特色鲜明的本馆文献资源库。建立系统性文献资源库要求公共图书馆加强文献采集有规划、有总结、有分析。

2.2　建设实用型针对性文献资源

图书馆的文献资源要满足本馆阅读服务的实际需要。地市级公共图书馆的工作任务主要是宣传党政方针，向群众开展思想政治宣传教育，为本地区的经济建设和科学研究提供文献资料，传播科学文化知识，提高群众综合科学文化素养，以及收集、整理与保存地方优秀文化典籍。在尽量确保入藏文献综合性、普及性的基础上，还应系统收藏本地区历史发展的文化积淀和现实发展需要的相关文献资源，包括地方文献和地方经济、文化发展所需要的专业书刊资料，满足本地区经济建设、文化建设和社会发展需要。

图书馆的文献资源建设还要充分考虑读者的阅读需求。公共图书馆的读者主要是不同性别、不同年龄、不同职业和不同文化程度的普通群众，他们的阅读需求有研究型也有应用型，有求知型也有休闲型，而地市级公共图书馆服务对象的需求以应用型、休闲阅读型为主，在文献资源方面应以应用型、休闲阅读类为主。

2.3　建设更新及时活性发展文化资源

图书馆的文献资源不应是固化不变的，要根据本馆工作目标任务和社会阅读需要进行剔旧补新，以保持馆藏文献资源的使用活力，提升馆藏文献资源的开发利用效率。公共图书馆的储藏空间有限，工作目标任务和服务对象需求的变化较快，对馆藏文献资源中借阅率低或不再适合公开借阅的书刊资料要及时从流通书架上撤除，或纳入馆藏文献资源储备体系保存,供参考查阅,或直接从馆藏文献资源体系中剔除,以保证馆藏文献资源有足够的活力和空间。

3 地市级公共图书馆开展阅读推广的重要内容提供:地方特色文献

  地市级公共图书馆的工作任务主要是为本地经济社会发展提供文献资料,阅读推广的服务对象主要是本地区的居民,文献资源建设应注重地方特色文献资源保护和地方优秀文化的传承与传播,构建具有地域特色的文献收藏体系。地市级公共图书馆的流通性藏书主要为公众提供常规借阅、参考咨询服务等,可在充分了解读者需求后,应势而动,选优补缺,增新剔旧,求新不求全,保"用"不保"藏"。在保藏性图书方面,地市级公共图书馆应将本区域的地方文献以及地方经济社会发展所需要文献的收藏与传播列为重点任务。地市级公共图书馆应收集齐、保存全、利用好地方文献资源,助力地方优秀文化传承,服务地方经济发展。

3.1 地方文献是优秀文化传承的重要载体

  作为记录区域性政治经济、社会文化、历史变迁、风俗民情等内容的重要载体,地方文献是一个地方历史文化的积累,是对一个地区现实状况的真实反映,以及对该地区历史的最好诠释、未来的基础展望,是面向社会公众开展爱国、爱家乡教育的教材资料,具有重要的区域史料价值、文物文化研究价值、社会经济研究价值、学术研究价值。收藏、保存地方文献是地市级公共图书馆基本职能,更是对地方优秀文化资源的有力传承[3]。

3.2 地方文献和特色文献收藏是馆藏特色化的发展需要

  随着文献资源获取渠道多样化、获取形式便捷化,馆藏特色化和信息服务个性化是图书馆服务发展的必然方向。在网络时代,因为信息来源多元化、信息获得便利性,人们会选择到网络、大型图书馆、专业图书馆查找学科性、专业性强的文献资料,但查找地方性文献资料和区域性较强的文献资料时最便捷还是到该地的公共图书馆。地方文献是公共图书馆最具区域特色的馆藏资源,而根据本地经济、文化发展需要,建设具有一定特色的文献收藏体系也是公共图书馆馆藏特色化发展的具体体现。公共图书馆应围绕读者对图书馆的阅读服务需求,担负起收集、整理和提供使用地方文献的职能,建立起具有特色和个性的馆藏文献资源库。

3.3 地方文献和特色文献是图书馆服务地方经济的重要支撑

  一方面,地方公共图书馆购书经费、藏书设施有限,要把有限的资源集中到服务本区域群众、服务本地经济社会发展需要上,求"大"求"全"的可能性小,区域性文献收藏更有利于资源共建共享。另一方面,地方文献包含本地区较为广泛的情报信息,能真实、全面地反映本地工农业生产、社会经济、人文科学、文化教育事业等历史及现实状况,有利于读者从中探寻地方经济、文化发展规律,有利于提供地区发展决策依据,满足地方经济建设和社会发展需要。

目前,遂宁市6个公共图书馆均建有地方文献书库,有地方文献征集方案和馆藏地方文献目录,收藏有地方文献1万余册。地方文献以本地作家撰写的文学艺术类书籍和地方文史资料、地方历史名人研究、地方年鉴为主,在载体上以纸质为主,数字资源较少。这些地方文献在提供地方信息参考咨询中起着不可忽视的作用,也为图书馆开展阅读推广服务提供了内容素材(表2.1)。

表2.1 遂宁市图书馆馆藏地方文献目录选例

书名	著者	出版社(单位)	类型
《陈子昂诗全译》	宋麦音编	中国文联出版社	辑录遂宁古人著作
《遂宁张氏著述合刊》	金生杨编	北京燕山出版社	辑录遂宁人著作
《遂宁宋瓷》	何瀛中主编	遂宁市文物管理局	研究遂宁文化
《遂宁市蔬菜标准化生产技术实施规程》	田文远主编	遂宁市农业局	研究遂宁产业
《船山诗选》	周宇徵编	中国文联出版社	辑录遂宁古人著作
《张鹏翮传奇》	张帆著	四川民族出版社	遂宁人写遂宁古人
《窥豹录》	胡亮著	江苏凤凰文艺出版社	当代遂宁人著作
《丁世谦画选》	丁世谦画	四川美术出版社	当代遂宁人著作
《民国时期的遂宁》	遂宁市档案局等编	四川文艺出版社	研究遂宁历史

4 遂宁地区文献收藏历史:渊源教育讲学延续文化传承

了解一个地区的藏书历史有助于图书馆掌握本地的社会阅读需求变化和文献资源收藏方向,掌握公众可能的阅读发展方向,更好地规划阅读推广服务方向。有记载的遂宁地区藏书历史始于唐宋学宫讲学。嘉庆《四川通志》记载,"张九宗书院,在遂宁县西南书台山下,唐贞观九年建"。唐代遂宁张九宗书院倡导教育讲学,开启了川中书院的藏书历史。因书院在后唐时毁于兵火,藏书特色已无法考证,只能从县志记载中猜测一二:"遂宁在唐宋为府为州……学宫之设,亦自唐以来有之。初建城南,既改而东。……胜国时,创建讲堂及稽古阁,既而残于兵。""其稽我古人之德,而为集大成者与。或谓二典三谟,虞史所作……若稽古者,独称尧舜禹皋,他有不及,莫知当时所读何书乎?"[4]。九宗书院及藏书为川中地区的文化发展奠定了重要基础,遂宁文风自此日盛。

4.1 明清时期遂宁藏书楼藏书特色:地方文献和诗文为主

明清时期,遂宁先后创办书院55所,复建稽古阁,新建尊经阁等藏书阁,贮藏图书经籍供士子阅读。"遂宁旧无尊经阁……嘉靖壬寅(1542年),金宪舜原杨公至邑,爰议饬学,作新文教,命簿李君守维董其事……然未遑建阁也。我缙绅乃谋于令杨君泰,令曰:'惟学宫面逼崇峦,负倚空阔,宜建阁,名以'尊经',且备制也。'"[5]但这些阁有无藏书、藏书多少,笔者未曾找到相关记录,只是民间有一种说法是,这些阁"虽有藏书之名,并无藏书之实"。明嘉靖九年(1530年),遂宁知县郑重威和被贬居家的探花杨名在遂宁城中天上街百福寺前创办了斗城书院,其藏书之地有一定记录,"祠前为厢房二,以贮祭器书籍……厅下两旁为书楼十,左右称。"[6],但笔者仍未找到对具体藏书名称及数量的相关记载。

相较这些藏书阁,同期郭氏"味籍堂"等私家藏书楼藏书较丰。嘉靖以后,遂宁成立了刻书局,其木板存于"御书楼"中,这是遂宁第一家民间藏书楼。"御书楼"收藏的主要是遂宁刻书局所刻书籍,如《张文端公全集》《船山诗草》《亥白诗草》《明三十家诗选》《唐二十家诗》《唐十九家诗》《吕文肃诗》《吕半隐"怀归堂"诗》等木刻本。从中看出,当时川中地区藏书多为地方人士著述和地方书局刻印的唐宋诗文。可惜御书楼于民国时期毁于大火,所藏书籍全部被焚,味籍堂藏书也全散失。

4.2　民国时期遂宁图书馆藏书特色:教育参考和时代读物为主

民国早期,遂宁区域图书馆以学校图书馆为主,藏书也多为教学参考书。1914年,遂宁开办了第一所中等学校——四川省立第三师范学校,学校设有图书馆,藏书648种3 000余册,主要有线装古籍《十三经注疏》316本,各种史志1 117本,各种文集728本,《独秀文存》《胡适文存》以及《东方杂志》《新青年》等书籍刊物。1938年,四川省立第三师范学校图书馆藏书增加了《大英百科全书》、百衲本《廿二史》、《万有文库》等,图书增至2 740种。1940年,遂宁县私立精一中学校图书馆统计填报藏书情况是中文图书5 240册,西文图书112册。

遂宁地区公共图书馆藏书始于1927年,是为普及文化、开展平民教育建立的,藏书有百衲本《廿二史》、《万有文库》及其他当代新书。1934年,射洪县太和镇民众教育分馆附设图书室,藏书有《万有文库》等1 000余册,订报刊20余种。1945年图书室被洪水冲毁,书籍尽失[7]。1947年,遂宁建"中正图书馆",藏书宗旨是"收集大、中、小学的参考书和古今中外的名著",协助川中地区各学校兼办社会教育,供给各学校及家庭教育读物,藏书总量近万册。

4.3　新中国成立以来遂宁公共图书馆文献资源特色:重"藏"谋"小"而"全"

1954年,国务院要求各地所保存的古籍要统一保管以免散失,四川省图书馆将广安等8个县区所收藏的古籍集中收集到四川省图书馆进行统一整理保存,遂宁图书馆原藏的明版及其他善本古籍大部分移交四川省图书馆收藏。1955年,四川省文化局要求各地"加强图书流通借阅工作",新购文献要求"故事性强,正当有益,适合于水平低的读者阅读",目的是普及文化知识,服务群众。

1956年,全省各地积极响应四川省文化局"希从速建立县图书馆的通知"的要求,首批建立了县(区)级图书馆39个,遂宁县图书馆即在其中。此时的藏书主要来自接收原县文化馆采购图书约2 940册,重庆市图书馆赠送通俗读物约1 400册,总计达4 300余册图书。从图书内容上看,除移交的原中正图书馆收藏的《廿四史》、《万有文库》丛书全套、木刻本县志等外,多为文艺书刊和通俗读物,几乎没有科学技术书刊,新书非常缺乏。1957年,遂宁县图书馆采购了一批新翻印的典籍,又收集了一些民间收藏的古籍书,图书馆的藏书开始丰富了起来。

1979年、1980年,蓬溪县、射洪县先后建立公共图书馆。1985年,遂宁撤县建省辖市,遂宁市图书馆成立。这一时期,全国兴起读书学习热潮,遂宁地区各公共图书馆利用有限的经费,首先满足时政报刊的采订,确保馆藏的连续性、完整性;然后是采订时政读物、知识普及读物和畅销书籍。此时的藏书原则是覆盖面广、种类齐全,力求《中图法》中的二十二个大类齐全,工具书收集较为丰富,《简明不列颠百科全书》《城市统计年鉴》等均有收藏。遂宁市图书馆坚持"一精二佳三节约"的原则,在采购图书时力求少花钱、购好书、不贪多,为确保读者有"新书"可看,因报刊更新快、信息丰富,所以用于选订报纸、期刊的经费比例在购书总经费中所占比例较大,有时甚至超过图书占比。笔者曾在采编部工作,当时馆长对购书专项经费使用的要求就是,首先保证长期征订的报刊种类持续征订后,再根据余额制订图书采购计划。

1994年,文化部开始对全国县级以上公共图书馆每4年进行一次评估定级,文献资源建设是重要评估标准。各公共图书馆根据地方经济发展需要和读者需求制订文献资源建设规划,确定本馆重点藏书种类。遂宁地区经济以农业、轻纺工业为主,故遂宁市图书馆藏书采购计划往这方面侧重,开始有针对性地选购轻纺工业、农副产品加工、化工、印染等方面的实用科技书和专业工具书,同时选购了数理、生物、天文等学科和自学类的基础理论图书,通过阅读服务让读者了解世界科学技术发展动态。在保证重点范围图书采购的基础上,再兼顾其他种类图书,注重基藏书库的图书采购,重"藏",谋求"小"而"全"。

4.4 当前遂宁公共图书馆文献资源特色:智慧服务藏书重"用"

进入21世纪,各级公共图书馆办馆条件优化,文献采购经费开始逐年递增,在文献资源建设中更加注重读者需求和实用型图书采购,开始淡化和减少基藏书库的"藏书",采购的新书基本进入了流通借阅服务。一些图书馆未再设置封闭式书库,原基藏书库的图书也转入开架流通。2017年,遂宁市图书馆新馆舍开始动工建设。2020年,遂宁市委、市政府拨付专项经费530余万元用于新馆文献资源采购。遂宁市图书馆经过调研,对这笔经费进行了合理分配,其中成人读物占比90%,少儿读物占比10%。在成人读物中,社会科学类占比约70%。2021年8月,遂宁市图书馆新馆开放,藏书方式为藏阅一体,文献种类多文学、社科、政治法律、经济类,自然科学类以农业科学、电子和轻化工业为主,少儿读物以绘本故事为主。采选范围主要是重点出版社的重点出版物、获国家级图书奖以及四川省内出版的各种优秀图书。另有古籍特藏书库、地方文献书库收藏古籍和地方文献,这类藏书实行闭架借阅(表2.2)。

表2.2 遂宁市图书馆馆藏古籍目录选例

书名	著者	版本	定级
《仓颉篇辑(三卷续一卷补二卷)》	(清)孙星衍辑	清光绪十六年(1890年)江苏书局刻本	四级
《经典释文(三十卷)》	(唐)陆德明撰	清刻本	四级
《康熙字典(不分卷)》	(清)凌绍雯编	清刻本	四级
《治河奏牍(二十四卷)》	(清)张鹏翮撰	清抄本	三级甲等
《峨眉纪游(一卷)》	(清)楼黎然撰	清宣统元年(1909年)刻本	四级

续表

书名	著者	版本	定级
《蓬溪县志(十六卷)》	(清)吴章祁修	清道光二十五年甲辰(1845年)刻本	四级
《长沙药解(四卷)》	(清)黄元御撰	清刻本	四级
《第一才子书(六十卷)》	(元)罗贯中撰	清刻本	四级
《曾文正公诗集》	(清)曾国藩撰	清光绪丙子(1876年)传忠书局刻本	四级
《陈伯玉诗集(三卷)》	(唐)陈子昂撰	清刻本	四级

截至2022年底,遂宁全市共有6个公共图书馆,分别是遂宁市图书馆、射洪市图书馆、蓬溪县图书馆、大英县图书馆、安居区图书馆(安居区少儿图书馆)、船山区图书馆,6个公共图书馆普通文献馆藏量达477万册,较第六次评估定级时增加26%。遂宁各公共图书馆积极构建智慧图书馆体系,建成数字图书馆6个,聚合电子期刊、电子图书、视频等数字资源,数字服务资源总量近600 TB,年均浏览量近400万人次。另外,各图书馆利用"两微一博"、小程序、视频号等新媒体平台,初步构建了数字阅读服务矩阵。藏书偏重有"用"、借阅率高,数字资源比例渐增。

5 馆藏文献资源建设的基本要求:把握地方社会经济文化发展方向

有助于了解本地方区域文化特色、经济发展现状和未来发展规划是地市公共图书馆文献资源实现馆藏特色化和信息服务个性化的必然要求。

5.1 遂宁市情概况

遂宁市位于四川盆地中部、涪江中游,是成都平原经济区的重要组成部分。辖船山区、安居区和射洪市、蓬溪县、大英县,以及遂宁经济技术开发、河东新区、高新区三个市直园区,辖区内有75个乡镇、20个街道办事处,面积5 322平方公里,2023年末常住人口274.8万人。

遂宁历史建制曾设置大藩、节镇、府、郡、州、县等,夏商时期为梁州辖区,春秋时为古蜀国辖地,秦为蜀郡。自汉代始,先后有德阳郡、遂宁郡、遂州、遂宁府、遂宁县等建制称谓。汉高帝六年(前201年),境内置县治所,时称德阳县,隶属广汉郡。东晋穆帝永和三年(347年),东晋大将桓温平蜀后在德阳县东南七十里置遂宁郡,取意"平息战乱,达到安宁",属益州,"遂宁"名由此始。1985年,遂宁建省辖市[8]。

在地理特征上,遂宁位于川中地区。川中是中国最典型的方山丘陵区,又称盆中丘陵,海拔215~674米,为四川省丘陵集中分布区。涪江纵贯全境,穿城而过,在中心城区形成14.8平方公里的观音湖水面,构成"一江七河九湖泊""两山四岛八湿地"的城市生态和公园体系,"城在水中、水在城中"的景观别具一格。先后成功创建全国文明城市、国家卫生城市,是国家首批海绵城市建设试点城市、全国首批绿色出行考核评价达标城市、国家园林城市。

在人文历史方面,遂宁历史文化蕴藉时间长,有众多物质和非物质文化遗产,被誉为

"东川巨邑""文贤之邦",历史上有众多知名的政治家、军事家、文学家、禅学家等,留下了诸多文化资源。2022年,四川省文物考古研究院在涪江流域遂宁段和绵阳段开展旧石器考古专项调查,共发现20多处旧石器地点,在射洪香山镇桃花河遗址考古发现的手斧、手镐、重型刮削器等数百件典型石制品[9],证明川中地区人类文明源远流长。位于大英县的卓筒井,是北宋庆历年间(1041—1048年)发明的小口径盐井,其小口径钻井技术比西方早八百多年,对人类文明有不可估量的贡献,被载入《中国科学技术史》《中国钻探科学技术史》等。遂宁历史上孕育了陈子昂、王灼、黄峨、张鹏翮、张问陶等一批英才俊杰。出生于射洪的唐代诗人陈子昂,留下千古名句"前不见古人,后不见来者"。宋代著名文学家、科学家王灼写下我国第一部糖业科技专著《糖霜谱》。明代武英殿大学士席书撰写的《大礼集议》《大礼纂要》等大礼议文献,对阳明学作出较大贡献。杨慎夫人、蜀中四大才女之一的黄峨写下许多诗词散曲。清代文华殿大学士兼吏部尚书张鹏翮曾参与签订《尼布楚条约》,康熙称"天下廉吏无出其右"。另外还有许多人为遂宁做出了自己的贡献。唐代御史大夫张九宗在遂宁建立张九宗书院,开启了川中书院藏书的历史。民国时期,四川边防总司令、遂宁驻军首领李家钰,是抗战中继张自忠在第一线督战死战不退后第二个战死的集团军司令官,1927年他在遂宁建立了第一家具有公共性质的图书馆——遂宁图书馆[10]。

在物产资源方面,遂宁物产丰富、资源富集。遂宁境内发现并利用的生物资源有1 500多个品种,其中植物资源1 000余种,农作物栽培品种681个,是四川省重要的粮食、油料、生猪、水果、中药材产业基地。天然气、盐卤等资源储量丰富,天然气远景储量超3万亿立方米,拥有全国陆上规模最大的单体海相碳酸盐岩整装气藏,天然气年产量超过100亿立方米,常规天然气产量占全省近三分之一,居全省第一。遂宁是成渝间重要的节点城市和综合交通枢纽,已建成铁路"3向7线"243公里、高速公路"1环9射"386公里,实现东西南北四向高速连接,形成成遂渝高速中轴线、成渝经济区高速公路北环线和75公里绕城高速环线,构建了至成渝及周边城市的90分钟交通圈。成达万高铁、成南高速扩容工程开工建设,绵遂内铁路绵遂段、遂渝高速扩容工程、涪江复航等项目加快推进,遂宁安居机场有序建设。

在经济社会发展方面,遂宁经济繁荣、社会和谐。近年来,遂宁市坚定以习近平新时代中国特色社会主义思想为指导,认真贯彻省委"总牵引""总抓手""总思路",紧紧围绕"1336"总体工作思路,奋力筑"三城"兴"三都",加速升腾"成渝之星",加快建设成渝中部现代化建设示范市和锂电之都,全市经济社会持续健康发展。产业支撑有力,拥有规上工业企业634户,汇聚锂电企业55家,5家本土企业在沪深交易所上市,1家本土企业在香港交易所上市。遂宁市锂电新材料磷酸铁锂产量居全球第一,PCB产量居西南地区第一,是中国"锂业之都"、中国肉类罐头之都、国家基础电子元器件高新技术产业化基地。平台基础坚实,成功创建1个国家级开发区、2个省级高新区、4个省级经济开发区,加快建设遂潼涪江创新产业园区和四川绿色油气化工产业园、四川沱牌绿色生态食品产业园、遂宁天齐绿色低碳产业园"1+3"特色产业园区,获批第二批陆港型国家物流枢纽,荣获"2020中国十大最具投资价值城市"殊荣。创新活力强劲,携手清华大学、北京大学、四川大学、重庆大学等知名高校建设科技转化创新园和联合实验室,与四川师范大学共建遂宁校区,拥有国家级、省级科技研发平台80个,创成首批省级创新型城市。社会治理有序,军政军民团结,荣获全国社会治安综合治理工作最高奖项"长安杯"、全国双拥模范城等称号[11]。

2023年,遂宁实现地区生产总值1 714.9亿元,增长6.7%;地方一般公共预算收入增长9.9%;全社会固定资产投资增长6.2%;社会消费品零售总额增长11%;城乡居民人均可支配收入分别增长4.6%、7.1%;连续两年进入全省高质量发展综合绩效评价同类地区前3位[12]。

5.2　遂宁市总体发展规划

2022年1月,遂宁市委、市政府制定印发了筑"三城"兴"三都"的实施方案,明确提出全市要围绕加速升腾"成渝之星",努力建设"绿色智造名城""生态公园名城""养心文旅名城"和"西部水都""东方气都""世界锂都",要"以产聚人、聚人兴城、兴城聚产",不断提升经济社会发展力量。

2024年2月,遂宁市政府召开了遂宁市第八届人民代表大会第四次会议,会上市长刘会英回顾了全市2023年工作,提出全市2024年工作总体要求:坚定以习近平新时代中国特色社会主义思想为指导,深入贯彻党的二十大精神,全面落实习近平总书记来川视察重要指示精神,按照省委、省政府和市委决策部署,完整、准确、全面贯彻新发展理念,坚持稳中求进工作总基调,围绕"1336"总体工作思路,以"产城共兴、城乡共富、区域共进"为着力重点,统筹扩大内需和深化供给侧结构性改革,统筹新型城镇化和乡村全面振兴,统筹高质量发展和高水平安全,切实增强经济活力、防范化解风险、改善社会预期,巩固和增强经济回升向好态势,持续推动经济实现质的有效提升和量的合理增长,增进民生福祉,保持社会稳定,加快建设成渝中部现代化建设示范市和锂电之都[13]。

5.3　遂宁市"十四五"文化和旅游发展规划

2021年11月,遂宁市政府编制印发了《遂宁市"十四五"文化和旅游发展规划》,系统谋划了"十四五"期间遂宁市文化和旅游发展的总体要求、发展目标、发展格局、主要任务、重要举措等。《规划》要求,"深化文化铸魂、旅游赋能,突出问题导向、市场导向,聚力引客引流、提振消费,以养心文化为核心、全域旅游为引领、创新创意为驱动、康体休闲为特色,持续讲好'有意思、有意象、有意境、有意蕴、有意义'的遂宁故事"。《规划》中遂宁文化和旅游发展定位是:"抢抓成渝地区双城经济圈建设、乡村振兴、新型城镇化建设等重大战略机遇,活化利用遂宁市文化和旅游资源,以养心文化为核心、全域旅游为引领、创新创意为驱动、康体休闲为特色,持续塑造遂宁滨水休闲度假的核心吸引,聚力打造集生态休闲、滨水度假、文化养心、文创研学等于一体的养心文旅名城。"发展目标是,到2035年,遂宁市文化和旅游生产力布局更加优化,综合效益大幅跃升,文化焕发新活力,现代公共文化服务体系和文旅产业体系更加成熟……全面建成知名度高、美誉度高的养心文旅名城[14]。

5.4　地方经济文化发展对公共图书馆文献资源体系的要求

地市级图书馆是综合性公共图书馆,既是为社会公众提供文献阅读服务的公益性文化服务单位,也是为本地经济、科研提供基础研究资料、信息查阅服务的知识性服务机构,具有一定的学术性质。地市级公共图书馆的文献资源建设要充分考虑本地人文特色、自然环境、物产资源、社会经济等实际情况和发展需要,深入挖掘地方特色资源[15]。

5.4.1 在文献资源学科结构方面,突出产业发展重点需求

近几年,遂宁紧紧抓住成渝地区双城经济圈建设的重大机遇,加速建设绿色智造名城、生态公园名城、养心文旅名城、西部水都、东方气都、世界锂都,不断完善锂电、能源化工、绿色食品、电子信息等产业体系。根据当前遂宁的发展目标和主要任务,遂宁图书馆应将锂电科技、能源化工、电子信息、生物医药、节能环保、文化旅游、农业科技等学科内容的文献资源纳入收藏重点,为相关部门、单位和个人进行这方面的理论研究、学习参考、技术研发提供文献阅读、资料查找、参考咨询等服务。

5.4.2 在文献资源学术结构方面,突出新型实用技术开发

地市级公共图书馆面对的读者有各类知识层面,在学术性、研究性方面与高等院校师生和专业性图书馆的读者不同,后者更趋向于了解和掌握一定学科或专业的基础知识,以开展实用技术研究任务需要为目标。因此在文献资源建设等级结构上,应满足一般读者阅读学习、开阔知识视野的需要。在重点学科专题方面,应精心挑选具有一定代表性的著作、专业参考书、学科重点研究书目资料等,为新型实用技术开发研究提供阅读服务。

5.4.3 在文献资源载体结构方面,兼顾传统和数字化资源

在确保有丰富的印刷型纸质图书、报刊以及其他类型出版物供读者阅读的基础上,注意加强数字资源建设。一方面采集好的数字资源;另一方面注意馆藏特色文献资源的数字化建设,建立丰富的数字资源库,确保馆藏文献形式多元化,满足时代发展和读者不断变化的新型阅读需求。

6 地市级公共图书馆文献资源建设的主要措施

建设体系完善、独具特色的馆藏文献资源,有利于阅读推广的服务系统性、区域特色性发展。

6.1 编制馆藏发展政策,明确馆藏建设目标

馆藏发展政策是公共图书馆建立与规划馆藏的工作指引,馆藏发展政策的制定与执行情况是一个图书馆业务能力的重要评定指标,包括馆藏建设目标、文献资源采选原则、工作机制、区域性文献信息资源保障体系建设等,体现着一个图书馆对业务工作的目标定位、发展思考和总体布局。遂宁市图书馆参考四川省图书馆馆藏发展政策,结合本馆实际,编制了本馆馆藏发展政策,并根据工作变化情况不断完善调整。

遂宁市图书馆每年年初会根据财政拨款金额制订全年文献采购计划,提出图书、期刊、地方文献、数字资源的采购比例。按照比例将资金使用权和文献采购工作交给相关部室,由各部室根据工作职责和读者需求进行文献采购,并预留一定资金用于阅读推广活

动、书刊资料采购和收集民间古籍线装书。定期通过文献借阅频率和借阅量等情况对馆藏进行评价和分析，了解馆藏的优点和不足，及时进行调整和优化馆藏文献资源。

6.2　规范文献资源建设，优化馆藏建设方式

公共图书馆是一个地区科学、教育、文化事业的重要组成部分，要确保本馆文献资源能更好地服务地方经济文化发展，满足阅读服务工作和阅读推广活动需要，就要制定并完善馆藏文献资源（建设）管理制度。按照"精、优、俭"的要求，有计划地采购文献，合理使用文献资源购置经费，在采购新书时"精"挑、"优"选、"俭"用，保证文献购置经费效益最大化，保证优秀文献资源入藏。遂宁市图书馆制定了《文献资源建设管理制度》，明确了文献资源的采购方针、制度和主要方式，力争使文献资源建设更加科学规范。

具体的文献资源采购主要有四种方式：一是现场采选，采编部工作人员到实体书店，在书店有经验的人员的推荐引导下选购新书；二是根据中省相关部门提供的优秀推荐书目选购适合本馆读者的文献；三是在供应商提供的图书目录基础上，采编人员在各平台上核对销售情况和读者评价，从中选出拟购目录，交供应商采购；四是加强与各大出版社的联系，根据优质出版社提供的最新书目信息选择拟购书目，再提供给中标供应商采购。此外，遂宁市图书馆在线上线下都为读者设置了荐书版块，读者可以提出推荐书目，采编人员在核对馆藏情况、图书信息和质量后择机采购。

6.3　围绕地方发展规划，确定馆藏特色重点

关注地方发展的实际需求，了解相关领域的研究动态，确定馆藏重点。通过查阅政府出台的政策文件、发展规划和政务网站的相关报道和研究报告等方式，深入了解本地发展规划，包括长期规划、战略部署、总体目标、产业重点、文化政策和短期发展目标等。根据地方发展规划重点关注领域，确定馆藏要收集的重点范围。定期调研了解地方发展规划重点领域最新的研究成果和发展动态，了解和关注相关领域的出版物和新闻，确保馆藏文献实时更新。组织相关领域的专家学者开展交流，了解他们的观点和研究动态，提出文献资源重点收藏的指导意见。根据遂宁市筑"三城"兴"三都"实施方案和相关规划，遂宁市图书馆文献资源建设紧紧围绕"养心"这一文化体系，把绿色制造、锂电科技、天然气能源的开发利用等方面的书籍列入收藏重点，建立阅读推广的地方特色文献资源体系。

2020年，遂宁市图书馆在新馆文献资源批量集中采购时，综合考虑本市经济发展需要和读者需求，反复征求多方意见，拟制了中文纸质采购分类占比（表2.3）。

2022年起，遂宁开始在城区建设城市书房——"九思书房"，满足居民就近借阅的需求，遂宁市图书馆指导各城市书房采购新书，拟制了文献采购分类比例。根据调查分析，各城市书房对儿童读物要求较多，故在购书时，各城市书房相应提高了少儿读物比例（表2.4）。

表2.3　遂宁市图书馆新馆中文纸质文献资源批量采购比例分配方案

五大部类	分类号	图书类型	采购比例（%）
马克思主义、列宁主义、毛泽东思想	A	马克思主义、列宁主义、毛泽东思想、邓小平理论	1
哲学、宗教	B	哲学、宗教	2.5

续表

五大部类	分类号	图书类型	采购比例(%)
社会科学	C	社会科学总论	2.5
	D	政治、法律	2.5
	E	军事	1
	F	经济	5
	G	文化、科学、教育、体育	3
社会科学	H	语言、文字	12
	I	文学	35
	J	艺术	3
	K	历史、地理	5.5
自然科学	N	自然科学总论	1
	O	数理科学和化学	2
	P	天文学、地球科学	1
	Q	生物科学	1
	R	医药、卫生	3
	S	农业科学	1
	T	工业技术	13
	U	交通运输	1
	V	航空、航天	1
	X	环境科学、安全科学	1
综合性图书	Z	综合性图书	2

表2.4 遂宁市九思书房纸质文献采购比例分配计划

服务对象	分类号	图书类型	采购比例(%)
成人类(70%)	A	马列毛邓著作，习近平新时代中国特色社会主义思想相关著作，时政读物等	2
	B,C,D,E,F,G,H,I,J,K	哲学、社会科学类，包括政治、法律、军事、经济、历史、地理、文学、艺术等	50
	N,O,P,Q,R,S,T,U,V,X	自然科学类，包括数理化、天文学和地球科学、生物科学、医药卫生、农业、工业、航空航天、环境科学等	16
	Z	综合及其他	2
少儿类(30%)	C,D,E,F,G,H,I,J,K	社会科学类，包括政治、法律、军事、经济、历史、地理、文学、艺术等	26
	N,O,P,Q,R,S,T,U,V,X	自然科学类，包括数理化、天文学和地球科学、生物科学、医药卫生、航空航天、环境科学等	2
	Z	综合及其他	2

6.4 策划涪江文献中心，凸显区域文化特色

挖掘和整理区域文献、地域文献，因其是研究区域文化、地域文化的基础。遂宁地处涪江中游，是巴蜀文化的融合之地，深入挖掘涪江流域历史文化精粹，是保护传承弘扬涪江文化的现实需要，也是丰富养心文化内涵，为建设养心文旅名城厘清历史渊源的理论需要。2022年11月，由遂宁市文化广播电视和旅游局主办，遂宁市图书馆、文化馆、博物馆联合承办的"同饮一江水·川渝两地情"涪江文化研讨会，围绕"文旅融合和川渝毗邻地区文旅一体化高质量发展"进行了交流讨论，提出要追溯涪江文化根脉，做强涪江文化品牌，增强涪江文化自豪感，不断吸取文化滋养，推进文化自信自强。2023年，遂宁市图书馆开始筹备建设涪江文化文献中心，在立足馆藏地方文献的基础上，围绕涪江流域文化积极征集相关区域的文献资源。目前的主要任务是，广泛收集涪江流域各公共图书馆收藏的地方文献资源信息，努力赋予其成渝双城经济圈内一个地市级公共图书馆应有的文化担当，赋能阅读推广的区域特色资源供给。

6.5 注意数字资源建设，丰富阅读推广内涵

随着现代数字技术和网络科技的迅猛发展，数字资源以内容丰富多样、涵盖学科广泛、查阅方便快捷、访问不受时空限制等特点迅速成为广大读者特别是青少年读者的"宠儿"，数字资源的阅读服务提供也成为读者对公共图书馆的必然要求。公共图书馆在加强数字资源建设时要坚持满足用户需求、追求服务效果，坚持提高资源利用率、实现成本效益最优化，通过多种渠道收集各种数字资源信息，优先采选收集范围广、数据质量高、界面友好、技术成熟、信誉度高、权威性强的数字资源，丰富馆藏文献资源内涵，为阅读推广提供更为多彩的内容支持。

6.6 调研读者阅读需求，找准阅读推广内容

一是开展读者统计分析，摸清读者阅读现状。主要是对本馆办证读者总数、历年入馆读者数量变化、读者借阅文献类型和册次、书籍借阅频率等进行统计分析，了解读者的真实阅读需求和馆藏文献流通率。二是开展读者问卷调查，了解读者的潜在阅读需求。由于目前大多数公共图书馆可以凭借身份证或社保卡借阅文献，读者在图书馆管理系统中留下的身份信息并不多，加之社会公众对个人隐私的重视提高，图书馆工作人员对读者职业构成、年龄结构、文化程度等情况掌握的不准确，对读者的潜在需求不清楚，因此有必要在尊重读者的基础上开展一些问卷调查，了解读者的潜在阅读需求，有的放矢地储备阅读推广内容支持。

7 《遂宁市图书馆馆藏文献资源建设规划（草案）》

笔者在《遂宁市图书馆馆藏发展政策》的基础上，融入对文献资源建设的思考，提出《遂宁市图书馆馆藏文献资源建设规划（草案）》。

7.1 总体目标

收集、整理、保存、开发和利用文献信息资源,建立遂宁文献资源共享中心、地方文献信息中心。在纸质资源方面,建设中型综合性、基础研究性、普及阅读服务性的文献体系。在数字资源建设方面,建设和开发有特色的专题数据库,初步形成具有巴蜀文化和涪江文化特色的网上数字资源服务体系。

7.2 基本原则

7.2.1 坚持整体规划、统筹安排

严格按照文献的思想性、科学性、针对性、连续性和系统性原则,科学制订馆藏文献采购计划,确保馆藏文献资源有序发展,保证为遂宁经济、文化建设及科研工作提供文献资料,传播科学文化知识,提高读者的科学文化知识。

7.2.2 坚持结构合理、重点突出

精心采集、收藏并开发应用各种形式的文献资源,既保证重点、突出特色,又兼顾一般、完善基础。既建设纸质文献,又丰富数字资源,保证纸质文献与数字资源的比例协调、布局合理。一般不采购外文书刊。本馆文献资源建设的重点是:遂宁地方文献,综合性工具书,文学、社会科学、锂电科技、能源化工、电子信息、生物医药、节能环保、农业科技等书籍。

7.2.3 坚持分工协作、共建共享

注意地区间、馆际间的采购协调工作,在遂宁 6 个公共图书馆之间建立文献采访协调机制,建立起相对独立、互相关联的文献资源体系,通过"通借通还"满足读者对普通文献资源的需求,通过馆际互借满足服务对象对非外借类研究型文献资源的需求。

7.3 文献资源建设保障

7.3.1 建立馆藏文献资源建设专业组织

设立馆藏文献资源建设委员会,委员会负责对文献资源建设作出宏观指导,制订或修订采购规划、计划。建立专职部室,由专人具体负责文献采购工作,准确掌握馆藏文献资源重点及各类图书的品种、数量、复本、质量等情况,牵头做好全馆文献资源建设相关工作。

7.3.2 保证馆藏文献资源建设专项经费

积极争取文献采购经费得到常态化保障并随着事业发展不断增长,确保政府财政拨付的文献采购经费专款专用。合理使用文献购置经费,重大文献采购必须经馆决策机构集体研究、集体决策。采访人员每年年底对全年经费使用情况进行统计分析,做好下一年

度经费需求计划,避免错购、重购、多购、漏购,确保文献资源建设经费使用效益的最优化。

7.3.3 保证文献资源建设科学规范

建立馆藏文献发展监管机制,保证文献资源建设有执行、有监督,文献资源建设牵头部门认真收集馆内各业务部门反馈的信息,根据职责发挥和服务需求及时调整采购计划,优化文献资源体系,确保建立优质馆藏文献资源,最大限度满足读者使用需求。

7.4 文献资源建设方式

7.4.1 文献购买和征订

按照馆藏发展政策所规定的采访原则、复本标准购买馆藏图书文献、征订期刊和报纸、采选数字资源。要注意文献的思想性、科学性、系统性、针对性和连续性,密切关注有关新学科、新信息、新动态的出版物。

文献采购流程:核实采购经费——调研受众需求——收集书目信息——馆藏文献查重、查缺——制定采购计划(含经费预算、拟制采购书刊目录等)——审定采购计划——确定采购方式——规范开展采购——文献到馆验收、登记——统计分析(根据反馈完善调整采购计划)。

7.4.2 文献交换和捐赠

接受省内外机关企事业单位团体或个人向本馆捐赠的文献资料,对属于入藏范围的文献资料,按照正式馆藏进行加工整理、按类收藏、投入使用。开展馆际交换,与其他图书馆补充交换当地(单位)编辑出版而本馆难以订购或缺藏的文献资料。

文献交换和捐赠流程:团体或个人向本馆递交交换或捐赠的文献——共同检查文献基本情况——办理接收手续——登记入库——分类移交。

7.4.3 文献征集和交存

建立地方文献呈交制度,接受市内各部门、单位交存文献,并确保品种齐全度和呈交率不断提高。努力拓展信息来源,主动加强与本地新闻出版单位、方志办公室以及本地机关、企事业单位、学校、社会团体的联系,通过征集、复制等方式,将有关本地的表现于各种载体形式中的文献资源尽可能全面收集,建立丰富的地方文献资源库。

文献征集和交存流程:收集市内文献资源信息——建立文献交存单位库——收集交存文献——回执交存清单——登记备案——加工入库。

7.4.4 数字资源建设

充分了解用户需求,以用户能够免费、方便、快捷地访问资源为目标,坚持经济适用性、服务针对性、组织协调性原则,建设与本馆服务目标、文献资源体系相符合的数字文献资源,充分保证存档和永久访问的权限。

数字资源采选流程:收集数字资源信息——调研受众信息需求——了解业务部门资源需求——制定数字资源采选方案——审核采选方案——拟采选数字资源试用——分析

资源试用效果——确定正式采购内容——按采购相关规定办理采购手续。

7.5 文献采选范围

7.5.1 图书采选范围

(1) 马克思主义、列宁主义、毛泽东思想、邓小平理论文献,党和政府的指导性文件(政策、决议、报告和各种法规),党和国家主要领导人的重要著述,要全面、系统地收集入藏。

(2) 遂宁市地方文献包括方志、地名录、地方名人著述、抄本、手稿以及遂宁历代名人及其代表作、作品集等,无论正式和非正式出版,所有版本均应全面收集入藏。遂宁市内公开出版发行的期刊、报纸应全面入藏。市内外有关遂宁地区的哲学、社会科学、自然科学和技术科学各门类的文献应全面收集入藏。

(3) 四川绵阳、阿坝州、重庆合川、潼南、铜梁等涪江流域地区的相关地方文献应尽可能收藏。

(4) 锂电科技、能源化工、电子信息、生物医药、节能环保、文化旅游、农业科技等学科方面的文献应重点入藏,以应用科学为主,理论研究为辅,兼顾一般科普性阅读。

(5) 对获得国家级图书奖及四川省内各种图书评奖的优秀图书应尽量采选入藏。

(6) 图书馆学、信息管理学及相关学科领域的文献力求收集齐全。

(7) 国家级、四川省的综合性年鉴应全面、系统、完整地入藏,专业性年鉴有选择地入藏,遂宁市的年鉴全面收藏。

(8) 台湾、香港、澳门地区及国外出版的中文图书,根据需要精选入藏;对其出版的与遂宁的政治、经济、科学、历史和文化等方面的文献资料,尽可能收藏。

(9) 低幼儿及青少年读物,根据读者需求、阅读推广活动需要择优选购,对重点儿童出版社出版的优秀图书重点采选。原则上不采选教学教辅类图书。

7.5.2 期刊采选范围

根据馆藏结构特色、读者需求及经费情况合理征订,以人文社会科学类期刊为主,自然科学为辅。

全国省级以上公开发行的核心期刊,有选择地采选入藏。

四川省级公开出版的期刊,尽可能采选入藏;四川省级出版的核心期刊力争全面系统入藏。

遂宁市内公开出版发行的期刊,包括市内大中专学校院报(如四川职业技术学院院报等)力争全面、系统、完整收藏。遂宁市内非公开发行的内部刊物等,尽可能征集入藏。

影印的民国期间四川省内的报刊,可选择入藏。

7.5.3 报纸采选范围

根据馆藏结构特色、读者需求及经费情况合理征订。

中央级、四川省级党报全面入藏,中央部、委、局机关报,全国性综合型报纸选择性入藏。

四川省级公开发行的报纸,成都市发行的都市类日报和晚报有选择性入藏。

遂宁市内公开发行的报纸全面入藏。

7.5.4　数字资源采选范围

优先采选收集使用范围广、数据质量高、收集年限长、界面友好、技术成熟、信誉度高、权威性强的数字资源,优化成本效益和服务效果,所选数字资源需以专线、镜像或本地的方式为读者提供服务。

7.6　文献采选复本指标

7.6.1　文献复本依据

合理有效满足读者需求。本馆入藏文献复本数量应以满足读者对文献的需求为前提,确定合理、有效、适宜的复本数量,提高读者满意率。

确保重点范围建设特藏。重点收藏文献要有足够的复本,一般馆藏文献只需适量的复本,也可不考虑复本,并根据年度购书经费调整复本数量以保证有足够的文献种类,确保特色、重点馆藏文献不缺藏。

兼顾文献时效动态调整。根据文献专业面、文献印发数量及价格、文献适用范围及使用率、文献使用时效、文献折损程度等因素,适时调整文献复本,确保满足读者需求。

7.6.2　文献复本参数

一般中文图书,包括政治、经济、文学艺术、文化教育、哲学和社会科学、史地类,以及通俗读物,复本量1~2册(套),主要满足流通借阅需要。

特色重点馆藏,包括涪江流域相关文献、锂电科技、能源化工、电子信息、生物医药、节能环保、文化旅游、农业科技等重点学科专业研究和技术创新方面的文献,复本量2~3册(套),以满足流通借阅和参考咨询、研究交流需要。

地方文献可适当增加复本量,以3~10册(套)为宜,以满足流通借阅和长期保存需要。一般情况下需保证有2~3册(套)进入流通借阅,1~3册(套)作为保存性藏书。

中文一般工具书、辞典、字典等,以1册(套)为宜,主要满足资料查阅需要。

中文报纸期刊,复本原则上不超过2份。

遂宁市图书馆通过制订文献资源建设规划,完善文献资源管理制度,正逐步建立自有文献资源体系,为开展阅读推广提供了丰富的内容支持。

参考文献

[1] 图书馆·情报与文献学名词审定委员会.图书馆·情报与文献学名词[M].北京:科学出版社,2019:49.

[2] 李平杰.图书馆藏书[M].成都:四川大学出版社,1988.

[3] 何虹.图书馆地方文献资源建设与利用途径探索:以广州图书馆为例[J].图书馆,2019(11):105-111.

[4][5][6] 杨世洪.遂宁县志(康熙二十九年本)校注[M].成都:巴蜀书社,2019.

[7] 微播射洪.寻找射洪的时光图书馆[EB/OL].(2016-06-18)[2023-07-05].https://www.sohu.com/a/84125158_194258.

[8] 遂宁市人民政府.历史文化[EB/OL].(2019-05-05)[2023-07-05].https://www.suining.gov.cn/show/734bf6ded58246d98e8916ff77de103a.html.

[9] 四川省文化和旅游厅.距今20万年至5万年 遂宁发现旧石器时代大型旷野遗址[EB/OL].(2023-01-12)[2024-05-04].http://wlt.sc.gov.cn/scwlt/hydt/2023/1/12/b5ef8f999fe941899fd8bd3530b606c4.shtml.

[10] 胡传淮.涪上胜谭:巴蜀文化与文献论集[M].成都:巴蜀书社,2018:273-294

[11] 遂宁市人民政府.遂宁概况[EB/OL].(2023-04-21)[2023-11-09].https://www.suining.gov.cn/suining/1a1485b8448d1a3370c4210788bc3a21.html.

[12][13] 刘会英.2024年遂宁市人民政府工作报告[EB/OL].(2024-02-08)[2024-04-04].https://www.suining.gov.cn/ztzl/gb/info.html?id=13f974d69edf8bc0ca36ac6d80656c8e.

[14] 遂宁市文化广播电视和旅游局.遂宁市"十四五"文化和旅游发展规划[EB/OL].(2021-11-26)[2024-05-04].https://www.suining.gov.cn/phone/show/001476c129c8400688dd51f35e7f60ce.html.

[15] 张欣.文旅融合背景下公共图书馆地方文献资源建设探析[J].河南图书馆学刊,2021,41(12):29-30,33.

第 3 章
夯实阅读推广的物化载体

地市级公共图书馆阅读推广探索与实践
——以遂宁市图书馆为例

开展阅读推广服务离不开提供文献借阅、开展阅读推广活动的公共文化服务场所,拓展阅读推广服务的空间是开展阅读推广工作的重要基础。营造环境优美、宁静温馨的公共阅读空间并向公众开放,吸引更多的读者走进图书馆,感受阅读之美,享受阅读之趣,是公共图书馆的重要任务和职责。

1 公共阅读空间的重要供给:建设标准化多功能公共图书馆

随着科技迅猛发展,现代信息传播速度越来越便捷快速,人们获取知识与信息的渠道也越来越丰富。有人认为为读者提供图书、期刊和报纸借阅服务的公共图书馆已经赶不上时代的步伐,没有必要建设实体化的图书馆。而实际上,不管是美国、日本等经济发达国家,还是国内各地,都出现了很多更大型、更新颖、更具现代气息的图书馆建筑。特别是近十年来,为构建更加完善的公共文化服务体系,各地积极投入大量经费和资源,新建、扩建或改建公共图书馆,一大批造型独特、环境优美的新图书馆投入使用,一些老旧图书馆得到更新改造,图书馆建筑日新月异,一些公共图书馆成为地方标志性文化建筑,甚至成为网红打卡地。优美的阅读环境吸引了越来越多的人走进图书馆,积极参与各类全民阅读活动。

1.1 加强公共图书馆建设是构建公共文化服务体系的重要任务

1.1.1 公共图书馆建筑是公共文化设施的重要组成部分

《中华人民共和国公共文化服务保障法》指出:"本法所称公共文化设施是指用于提供公共文化服务的建筑物、场地和设备,主要包括图书馆……农家(职工)书屋、公共阅报栏(屏)、广播电视播出传输覆盖设施、公共数字文化服务点等。"该法明确要求:"县级以上地方人民政府应当将公共文化设施建设纳入本级城乡规划,根据国家基本公共文化服务指导标准、省级基本公共文化服务实施标准,结合当地经济社会发展水平、人口状况、环境条件、文化特色,合理确定公共文化设施的种类、数量、规模以及布局,形成场馆服务、流动服务和数字服务相结合的公共文化设施网络。"[1]向公众传播知识,开展社会教育,收集、保存优秀文献资源,加强公共图书馆基础设施建设是最基础的要求。据四川省图书馆编制的《四川省图书馆暨全省公共图书馆2022年阅读报告》,截至2022年底,四川省共有209个公共图书馆,其中县级以上公共图书馆206个、少儿馆3个,实现了公共图书馆的县域全覆盖。馆舍面积总计123万平方米,较2021年增加23.7平方米。阅览座席10万个,较2021年同比增长28%。作为四川省公共文化基础设施的重要元素,不断发展的公共图书馆在惠民文化服务中起着不可忽视的重要作用。

1.1.2 加强公共图书馆建设是各级政府的必然担当

《中华人民共和国公共图书馆法》要求:"县级以上人民政府应当将公共图书馆事业纳入本级国民经济和社会发展规划,将公共图书馆建设纳入城乡规划和土地利用总体规划,加大对政府设立的公共图书馆的投入,将所需经费列入本级政府预算,并及时、足额拨付。""县级以上地方人民政府应当根据本行政区域内人口数量、人口分布、环境和交通条件等因素,因地制宜确定公共图书馆的数量、规模、结构和分布,加强固定馆舍和流动服务设施、自助服务设施建设。"[2] 近几年来,各级政府对公共图书馆的总投入在不断增加,有力改善了公共图书馆文化服务条件。但因种种原因,特别是西部地区,政府投入与公众对公共图书馆的发展需求之间仍有一定差距,公共图书馆发展还面临着不少困难。公共图书馆应不断提升服务品质,通过有为有位积极争取支持和投入。

1.1.3 加强公共图书馆建设是构建公共文化服务体系的必要保障

《四川省公共文化服务保障条例》强调:"县级以上地方人民政府及有关部门应当对公共文化设施的选址征求公众意见,选址应当符合公共文化设施的功能和特点,有利于发挥其作用。""市(州)应当建设公共图书馆、文化馆、博物馆、美术馆、非物质文化遗产馆(中心)、体育场(馆)、科技馆、工人文化宫、青少年宫、妇女儿童活动中心、老年人活动中心、广播电视播出传输覆盖设施等公共文化设施。""县(市、区)应当建设公共图书馆、文化馆、体育场(馆)、科普活动场所、工人文化宫、妇女儿童活动中心、老年人活动中心、公共阅报栏(屏)、广播电视播出传输覆盖设施等公共文化设施;有条件的,可以根据实际需要建设博物馆、美术馆、非物质文化遗产馆(展示场所)、青少年活动中心等公共文化设施。"[3] 随着社会经济发展、科技进步,公共图书馆应该建设成为为公众提供知识与信息服务的重要基地,而不仅仅是单纯的阅览室。《四川省图书馆暨全省公共图书馆 2022 年阅读报告》显示,2022 年,四川省公共图书馆共建设新型阅读空间 1 294 个,智慧应用场景 917 个,24 小时借阅服务点 294 个。公共图书馆服务设施的不断优化提升,进一步完善了四川全省公共文化服务体系。

1.2 规范公共图书馆建设标准彰显现代图书馆服务理念

为构建和完善公共文化服务体系,加强和规范公共图书馆基础设施建设,为各级政府建设公共图书馆项目决策提供基础指标,加速公共图书馆建设标准化、规范化和现代化的进程,保障人民群众利用图书馆的权利,满足人民群众基本的知识、信息和文化需求,文化部于 2008 年组织编制了《公共图书馆建设标准》(建标 108-2008),为公共图书馆建设公共阅读空间提供科学决策和规范管理的指导性意见。

《公共图书馆建设标准》共分 5 个章节,对公共图书馆的规模分级、项目构成与建设选址,总建筑面积和分项面积,总体布局与建设要求,建筑设备等提出了具体规范和要求。按照《公共图书馆建设标准》,公共图书馆分为大型馆、中型馆、小型馆,其建设规模与服务人口数量相对应。公共图书馆的建设内容要求应包括房屋建筑、场地、建筑设备和图书馆技术设备,公共图书馆的选址宜位于人口集中、交通便利、环境相对安静、符合安全卫生和环保标准的区域,应符合公共文化事业专项规划,布局合理。公共图书馆建筑面积、阅览座位数要能充分满足服务对象需要,综合考虑读者服务功能实现、文献资源收藏的数量与品种、本地经济发展水平[4](表 3.1)。

表 3.1 公共图书馆总建筑面积以及相应的总藏书量、总阅览座位数量的控制指标

规模	服务人口（万）	建筑面积		藏书量		阅览座位	
		千人面积指标（平方米/千人）	建筑面积控制指标（平方米）	人均藏书（册、件/人）	总藏量（万册、件）	千人阅览座位（座/千人）	总阅览座位（座）
大型	400～1 000	9.5～6	38 000～60 000	0.8～0.6	320～600	0.6～0.3	2 400～3 000
	150～400	13.3～9.5	20 000～38 000	0.9～0.8	135～320	0.8～0.6	1 200～2 400
中型	100～150	13.5～13.3	13 500～20 000	0.9	90～135	0.9～0.8	900～1 200
	50～100	15～13.5	7 500～13 500	0.9	45～90	0.9	450～900
	20～50	22.5～15	4 500～7 500	1.2～0.9	24～45	1.2～0.9	240～450
小型	10～20	23～22.5	2 300～4 500	1.2	12～24	1.3～1.2	130～240
	3～10	27～23	800～2 300	1.5～1.2	4.5～12	2.0～1.3	60～130

《公共图书馆建设标准》要求：公共图书馆建筑设计应适应现代图书馆服务方式的变化，满足图书馆藏书管理与利用、提供文献资源与提供文化活动相结合的服务模式需求。在外观造型、室内装修和环境设计上，注意体现文化建筑的氛围特点，讲究功能设计合理和实用效果。在平面布置上必须分区明确，布局合理，流线畅通，朝向和通风良好。少儿阅览区应与成人阅览区分开，并宜设置单独的出入口，有条件的可设室外少年儿童活动场地。老龄阅览室和视障阅览室应设在一层。公共图书馆的交通流线组织应畅通便捷。藏书、借阅、咨询服务、公共活动与辅助服务等基本用房，应具有空间使用的灵活性和可调整性。

在业务用房设置方面，《公共图书馆建设标准》要求：公共图书馆要设置藏书区、借阅区、咨询服务区、公共活动与辅助服务区、业务区、行政办公区、技术设备区、后勤保障区。藏书区应包括基本书库、阅览室藏书区、特藏书库，借阅区应包括一般阅览室、老龄阅览室、少年儿童阅览室、特藏阅览室、视障阅览室、多媒体阅览室，咨询服务区应包括办证检索、总服务台、咨询台，公共活动区域应包括读者服务、读者休息处、陈列展览、报告厅、培训室、交流接待室等，业务区应包括采编加工、辅导与协调、典藏与研究、信息处理（含数字资源）等。

《公共图书馆建设标准》依据建设部印发《关于印发〈二〇〇四年工程建设项目建设标准、投资估算指标、建设项目评价方法与参数编制项目计划〉的通知》（建标函〔2005〕19号）编制而成，立足我国现实，参考国际标准，坚持以人为本、功能优先，坚持科学规划、规模适当，坚持经济实用、环保节约，体现了党和国家有关发展图书馆事业的方针政策，体现了构建普遍均等、惠及全民、覆盖全社会的公共图书馆服务网络的发展思路，体现了现代图书馆理念，使图书馆建筑能够满足图书馆开展阅读服务活动的需求。在《公共图书馆建设标准》规范指导下，新型图书馆应运而生，为广大群众提供了环境优美、设施先进、服务规范的公共阅读空间。

1.3 读者阅读体验对公共图书馆建设要求

公共图书馆不应只是一座单纯的钢筋水泥建筑体，而应该是融入人文特色、文化内涵、智能服务、现代管理的综合体，充分考虑读者的阅读体验感有利于开展以人为本的阅

读服务。中国图书馆学会图书馆建筑与设备专业委员会顾问李明华认为,21世纪的大学图书馆的主要特征是"建筑的内涵已经大大超出一座房屋的概念,而扩展为房屋＋设施＋网络＋管理＋环境＋文化的综合"[5],公共图书馆亦如此。公共图书馆的规划建设既要从规范化、标准化出发,也要考虑当地的现实需要和读者的阅读体验;既是安静舒适、有助于读者阅读学习的真实空间,也是具备利用现代先进科技提供网络阅读服务的虚拟空间。

1.3.1 读者的阅读体验要求公共图书馆建设更加人性化

公共图书馆建设要体现一切为读者、为人民群众服务的宗旨。"人民对美好生活的向往就是我们的奋斗目标""以人民为中心的发展思想,不是一个抽象的、玄奥的概念,不能只停留在口头上、止步于思想环节,而要体现在经济社会发展各个环节"[6]。我国最早提出"以人为本"的是春秋时期的齐国名相管仲,在西汉刘向编辑的《管子》一书中记载道:"夫霸王之所始也,以人为本。本理则国固,本乱则国危。"2003年7月,时任中共中央总书记的胡锦涛提出"坚持以人为本,树立全面、协调、可持续的发展观,促进经济社会和人的全面发展"的科学发展观,把人民的利益作为一切工作的出发点和落脚点。公共图书馆的人性化建设要体现"以人为本"的发展理念,体现全心全意为人民服务的根本宗旨。

重庆图书馆的王世哲认为,"空间要赋予人性化的尊重和温情""图书馆建筑体现人文关怀是构建和谐社会的需要""坚持以人为本,体现人文关怀思想,不仅是现代建筑设计的永恒主题,同时也是现代图书馆建筑人文要素的重要组成部分"[7]。北京市西城区图书馆的樊亚玲认为,"图书馆建筑与人文关怀高度协调发展的核心和本质包括指向应首先是科学化、民主化及人的素质的提高","必须从我国的实际国情出发,先由人文关怀入手,用实事求是的精神办事,实现现代建筑与人文关怀在中国这块差异极大的土地上的无缝覆盖"[8]。笔者认为公共图书馆建设要以读者为中心,树立人文精神价值观,运用科学理念,具体应体现在建筑能耗低、安全性能高;体现在高效率提供阅读服务,方便读者更加自由使用图书馆的各类设施设备;体现在充分满足读者阅读意愿和阅读习惯,提升阅读体验感、阅读品质,获得更大的阅读成效。

1.3.2 读者的阅读体验要求公共图书馆功能设施更完善

现代公共图书馆不仅应是一个地区的文献资源富聚地和文献信息集散中心,还应该是学术交流中心和文化活动中心,既要充分满足地方藏书、提供文献借阅服务、开展信息服务与咨询等功能需求,也要满足读者参与各种文化交流、文化讲座、文化展览等阅读推广活动的需要。2018年4月,文化和旅游部正式挂牌,"诗和远方终于走在一起",各级公共图书馆开始思考如何将文化和旅游融合发展理念融入新建的图书馆。加之人们的休闲意识不断提高,文化休闲功能也开始纳入图书馆服务思考范围,有学者主张,"让读者在休闲中能体验到读书的乐趣,在读书中又能品味到生活的情趣"[9]。加泰罗尼亚理工大学建筑学院的博士胥倜以个人感受认为,图书馆不仅可以"包含阅读功能,有的还包含幼儿园、社区中心、展览空间,甚至部分图书馆还和公园等公共空间结合,为居民提供日常休闲的场所""图书馆的功能是复合的,居民们喜欢来这种复合型功能的图书馆,他们把这里当作日常生活的一部分"[10]。

社会信息技术的发展影响着公众的阅读需求、阅读习惯和阅读方式,推动着图书馆从自动化走向网络化,元宇宙技术开始在图书馆中应用。公共图书馆建设注重读者阅读空间的舒适性,也更加注重现代科技指引下阅读服务使命的实现,以满足读者更迭的新型阅读需求。"图书馆通过空间设计与技术运用的结合,使阅读空间能够促进阅读甚至激励用户阅读。"[11]智能化建筑和智慧化服务成为公共图书馆建设的必然要求,智慧化的阅读服务和读者越来越"近",走"进"读者家里,走"进"读者手中。

1.3.3 读者的阅读体验要求公共图书馆环境更加优美舒适

图书馆要尽可能为读者创造优美、宽松、舒适的阅读环境,通过视觉效果激发阅读趣味,丰富空间内涵。外观造型是否独特、环境是否优美,内部氛围是否清雅、功能是否齐全成为吸引读者阅读的重要因素。李明华认为,"建筑造型与内部功能、建筑与周围环境是否协调,外形有利于内部功能还是影响了使用要求,这应是评价造型优劣得失的重要方面,不可本末倒置。""图书馆不仅是藏书的建筑,更是藏满信息的大橱窗。"[12]浓郁的品质文化氛围、艺术化的空间造型、优美宜人的阅读环境,展示了一座图书馆的文化积淀与人文精神。读者置身其中,受到文化熏染,感到舒适愉悦,图书馆成为一个舒服的、吸引学习者的地方。读者来到图书馆,获得的不仅有知识与信息,更重要的还有对这个图书馆的感受和想象[13]。现在,不少公共图书馆将馆舍与城市公园结合起来,让读者在公园的优美环境中享受"悦"读之美。

1.3.4 读者的阅读体验要求公共图书馆交通更加方便快捷

公共图书馆建筑应该最大限度地接近服务对象,让人们更加快捷地走进图书馆、享受图书馆的阅读服务。图书馆所在位置在一定程度上影响着图书馆的功能发挥,图书馆馆址越是靠近人员稠密地和交通枢纽位置,越是能聚集读者群体。一个城市的商业中心和文化中心是最能吸引人们走近阅读的地方。胥佩认为公共图书馆应该以高密度的方式参与到人们的日常生活之中,如果图书馆距离人们太远,"人们专程去图书馆就有了仪式感,这件事也就没办法成为日常生活的一部分了"[14]。让人们更方便更经常地走进图书馆、走近阅读是公共图书馆建设的重要原则。

笔者认为,增加公共图书馆的交通便利性可以采取两种方式,并且这两种方式各有优势和不足:一是图书馆位于城区商贸核心地理位置,周围商铺林立、居民密集,读者信步就可走进图书馆,非常方便。这类图书馆最大的优势就是读者可以快捷进入,笔者所在的图书馆就曾接到读者建议"希望图书馆建在我家附近"。不足之处是商贸核心地段房屋密集,馆舍外部环境较为逼窄,不利于对外"扩张",在采光、通风等方面有一定局限。二是图书馆位于城区中心相对较偏位置,但道路四通八达,公共交通方便快捷,读者可以借助各类交通工具在短时间内到达。这类图书馆最大的优势就是外部空间较为舒畅宽阔,大多与城市花园相邻,形成图书馆在"风景"中、书香中飘扬着花香的独特场景。不足之处就是容易给读者特别是中老年读者带来"距离远"的感觉。笔者所在图书馆从中央商务区搬迁到现位置后,因距城市商务中心有一定距离,虽有公交车直达,但中老年读者人数明显下降,不过青少年读者人数则呈不断上升趋势。

2 令人向往的公共图书馆阅读空间：为公众提供优美的阅读环境

如果说20世纪的图书馆建筑存在"规模不大、布局雷同；功能简单、设备简陋；外形单调、结构紧凑；标准较低、指标不当"[15]等局限，21世纪的图书馆建筑则发生了质的变化，在功能布局、结构造型上得到很大改善，环境越来越美，造型各有千秋，布局更加合理，设施更加先进，功能更加完善。特别是近十年来，从中规中矩到造型独特、从大同小异到各有千秋、从自动化到网络化、从智能化到智慧化，公共图书馆建筑的内涵和外延都得到了扩大和丰富，很多图书馆建筑成为地方文化标志性建筑和重要的公共文化服务中心。

2.1 中国国家图书馆

中国国家图书馆的总建筑面积达28万平方米，图书馆馆舍分为总馆南区、总馆北区和古籍馆。总馆南区主楼为双塔形高楼，采用双重檐形式，孔雀蓝琉璃瓦大屋顶，淡乳灰色的瓷砖外墙，花岗岩基座的石阶，再配以汉白玉栏杆，通体以蓝色为基调，取用水慎火之意（图3.1）。馆藏文献超4 423万册，其中古籍文献300余万册，数字资源总量超过近2 757 TB，是亚洲规模最大的图书馆，居世界国家图书馆第三位；图书馆共设有阅览室25个、阅览座位5 000余个[16]。

笔者曾于2019年12月参观中国国家图书馆，馆舍建筑虽然不高，看起来不豪华，设施也并不很新，但端庄典雅、磅礴大方的气势深深吸引着我。走进图书馆大门，就如走进一座知识宫殿，古朴中蕴含着浓浓的学术气息，让我流连忘返。

图3.1 中国国家图书馆

2.2 杭州市图书馆

杭州图书馆位于杭州市上城区，是中国最早建立的省级公共图书馆之一。杭州图书馆建筑面积5.5万平方米,有3 315个阅览座位,馆内有设施完善的阅览室、读者交流区、音乐欣赏室等空间,并设有HIFI视听空间、无障碍阅览空间、杭州·亚运文化空间三个特色空间。馆藏文献586.3万册(件),其中古籍文献3.2万册,报刊文献33万件,视听文献64.7万件(套)。建立覆盖13个区、县(市)的公共图书馆服务体系,实现了全市范围的活动资源共享[17]。

2.3 苏州图书馆

苏州图书馆是江苏省爱国主义教育基地。现有人民路馆和苏州图书馆北馆两个实体图书馆。人民路馆占地1.6万平方米,建筑面积2.5万平方米,是一座园林化的现代图书馆。布局上分成北、中、南三大区域。北区有主楼,为文献借阅区,设有外借室、各科阅览室、计算机信息中心、科技情报中心等。中区有近代园林建筑——天香小筑和天香书屋,以读者休闲、贵宾接待为主。东部沿张思良巷设有古典园林式长廊,内侧雕刻苏州历代名家书画,体现出苏州人文荟萃、英才辈出、文化繁荣的概貌。沿人民路一侧设有长约60米的空透式长廊和绿化带,与车水马龙的繁华街景相隔离,廊内雕刻苏州籍两院院士格言录。南区有2 400平方米的知识广场,环列学术报告厅、展览厅、社会教育培训中心、少儿馆等。

北馆建筑面积4.5万平方米,共建设有7层,其中地下1层,地上6层,分为南北两个区域。苏州图书馆北馆具备公共图书馆服务、文献存储集散、配套服务等三大功能,突出四大亮点与特色:打造国内首个大型智能化书库,打造儿童向往的"悦读天地",打造高端信息服务新平台,打造温馨舒适的"市民书房"。服务功能区主要集中在南区,双层通高的借阅室,提供宽敞明亮、安静温馨的阅读环境;儿童向往的悦读天地里,针对0～14岁少年儿童,按年龄划分不同功能区域,动静分开,充分满足亲子阅读和小读者自主探索阅读学习的需求。文献存储集散功能区占据北区一至三楼,设有国内首个智能化书库,可容纳700余万册藏书,通过自动存取和分拣传输系统,实现便捷的读者借阅和图书调配功能,充分满足总馆及分馆体系运转和公共图书馆发展的需求。配套服务功能区分布于整个苏州图书馆北馆,打造了文化消费的新亮点,满足了市民多层次、多元化、个性化的文化需求[18]。

2.4 四川省图书馆

四川省图书馆位于成都市青羊区人民西路(天府广场附近),与成都博物馆、四川省美术馆相邻,形成大成都城市文化生活集散中心(图3.2)。四川省图书馆新馆总投资4.9亿元人民币,建筑面积5.2万平方米,外观似汉代书阙,两阙之间的台阶式中庭象征"知识的阶梯"。馆内设置有少儿阅览区、青少年阅览区、中文图书借阅区、学术报告厅、星光阅览区、地方文献阅览区、四川省政府信息查询中心、展览厅等多个功能服务区。青少年阅览区和视障阅览室设置在一楼,与其他服务区相对隔离,方便读者使用。四川省图书馆外观造型简洁,大方端庄宛如大家闺秀般静立,吸引了众多读者。走进四川省图书馆,浓浓的书香迎面而来。2015年12月26日,四川省图书馆新馆开馆运行,年均接待读者150余万人次,周末平均每天接待读者近万人,日最高接待读者1.5万人次[19]。

图 3.2 位于成都市天府广场的四川省图书馆

2.5 天府人文艺术图书馆

天府人文艺术图书馆是成都市图书馆分馆，位于四川省成都市金牛区金牛大道天府艺术公园内，与天府美术馆遥相对望，于 2022 年 4 月 23 日正式开馆。建筑面积 3.2 万平方米，有阅览座席 2 000 余个，藏书量为 80 万册。天府人文艺术图书馆由书山区、人文艺术馆、数字展示区、视障读者阅览室等组成，设有读者借阅区域、少儿馆、生活美学馆、国学研习馆、成都文献馆、国际人文艺术交流中心等功能区域。建筑设计灵感来自"窗含西岭千秋雪"，建筑形态象征着连绵迤逦的山峰，馆内由高低起伏的书山和层叠错落的梯田组成"书山有路勤为径"的意境(图 3.3)。天府人文艺术图书馆是一个集阅读、展览、共享、交流功能于一体的综合性城市文化艺术空间，是花园式图书馆，除了彰显空间美学外，还实现了现代图书馆与旅游、科技、文创、美学生活场景等多行业的跨界融合，被誉为成都"书香新地标"[20]。

3 遂宁市图书馆公共阅读服务空间的发展变迁

3.1 20 世纪的遂宁图书馆建筑

遂宁于 1927 年建立公共图书馆，馆址设在遂州公园，为一楼一底的木房。1931 年在"船山公园"另建馆舍，为一楼一底的砖瓦房，上为书库，下为阅览室。1947 年，遂宁新建"中正图书馆"，建设之初即要求"在建筑上要宏伟敞亮，使阅读者引起兴趣"。该馆舍在当时算是遂宁最新式的楼房，门窗都用朱漆，宽敞明亮。后此建筑作为政府其他机关办公用房，图书馆与文化馆合并办公。

1979 年 6 月，四川省文化厅、绵阳地区文化局、遂宁县政府先后共拨款 14 万元，批准在遂宁新建公共图书馆。新图书馆的建筑为砖混结构，建筑面积为 1 769 平方米，建筑以楼梯间为界，分前后两部分。前半部分为三层，一楼为行政办公和读者服务用房，二、三层为阅览室，层高 5 米，面积 390 平方米，设大开间、大窗户，宽敞明亮。后半部分设置为五层书库，层高 2.2 米，面积共 675 平方米。

地市级公共图书馆阅读推广探索与实践
——以遂宁市图书馆为例

图 3.3　天府人文艺术图书馆

　　与 20 世纪大多数公共图书馆一样，此时的遂宁县图书馆建筑外观朴实、结构简单、功能单一，"藏""阅"分区。在板块设计上，由书库、阅览区、办公区组成，为"错层式"建筑。在功能设置上，设置了开架外借室、报刊阅览室、参考咨询室、古籍特藏书库、闭架基藏书库与业务管理办公室等。报刊阅览室基本满足窗户宽敞、光线明亮的阅读需求，图书外借区、过期报刊收藏室和基藏书库则设一面约 50 厘米宽、120 厘米高的狭窄的落地窗，仅能勉强满足通风需要，采光效果差，若遇停电，即使白天也无法满足借书和阅读需要，只能暂停服务。一楼整体同等层高，前面有 3 间行政办公室和 1 间读者培训学习用的教室，后面则是 200 多平方米的开架借阅书库。二楼一边是报刊阅览室，高大敞亮，中间楼梯间隔出一间约 10 平方米的过刊查阅服务窗口；另一边则分为两层书库，分别是过期报纸书库、过期期刊书库。三楼前边是读者自习室和参考咨询查询服务区，与二楼报刊阅览室同宽、同样布置；后边也分为两层闭架书库，分别是基藏书库和古籍线装书库。

　　随着社会经济文化不断发展，城市不断扩大，遂宁市图书馆的服务人口越来越多。周围早已经是高楼林立，遂宁市图书馆馆址却仍然是砖混老旧建筑，书库面积无法满足藏书量的增长，阅览室面积和阅览座席无法满足不断增加的读者需要。遂宁市图书馆开始想方设法对馆舍进行改进和加固：将图书外借室移至二楼，与报刊阅览室合在一起，改善借阅室的通风通光效果，添置了柜式空调，完善读者阅读条件。将一楼行政办公室迁至楼顶加盖的瓦房内，将一楼原读者自习教室改建为少儿阅览室，增加面向少儿的阅读服务功

图 3.4 位于城区小北街的原馆舍,从 20 世纪 70 年代到 2021 年,承载着无数人的阅读梦想

能。采用自动化管理系统,建立数字服务体系,加强现代化阅读服务功能。但是依旧无法解决读者增长的需求与图书馆提供的服务不足之间的矛盾。

这一时期的遂宁市图书馆建筑,最大的优点就是位于城区中央商务区附近,即居民最为集中的地区,周围有数所中小学校和一所高职专科学院,方便各种年龄段的读者快捷进入。最大的缺点是功能单一,设备设施陈旧,内部面积窄小,外部环境局促,无法对外"拓展",对读者特别是年轻读者的吸引力越来越小,给不少人留下"图书馆只是一个老学究和中老年人看报的地方"的印象,基本无阅读推广活动场地,图书馆的阅读推广职能发挥受到极大限制(图 3.4)。

3.2　21 世纪初的遂宁市图书馆建筑

2002 年,市委、市政府决定将位于城区天上街的古建筑天上宫保护性搬迁至城北西山路西山公园山下,搬迁后的天上宫建筑"权作图书馆"。当年年底动工,2003 年 9 月竣工并投入使用。天上宫原建筑建于清咸丰元年(1851 年),四合院布局,占地面积 4 320 平方米(含约 2 000 平方米院坝)。山门为木结构建筑,门面三重檐,檐下施斗拱。内有戏台,戏台面为单檐,整个房顶为歇山式,面阔三开间,进深三开间。正殿宽敞高朗,面阔五开间;两侧书楼相连,面阔九开间,宽 33 米。天上宫富丽堂皇,构件雕刻精美,以木雕为主,兼有石雕、砖雕。遂宁市图书馆整体迁入后,将正门二楼列为业务办公区,两侧二楼列为书库,两侧一楼作读者服务和文创展示区,正殿作图书借阅区和报刊阅览区(图 3.5)。

天上宫古建筑作为遂宁市图书馆馆舍时,最大的优点是造型古朴美观,古韵与书香有机融合,内院宽敞,可供读者在阳光下休闲阅读,可作为阅读推广活动的场所,也曾用作遂宁特色文创开发展示基地。院外北侧与遂宁市博物馆、遂宁市文化馆相邻,有一小型广场,三馆经常合作开展全民阅读活动。不足之处就是除大殿阅览室层高较高,其他房间层高仅2.5米,梁柱又较多,因是古建筑保护单位无法改造,作借阅室和书库都受到很大限制,加之当时无公共交通直达,交通便利方面无法满足读者要求。2012年,遂宁市图书馆再次搬回位于城区中心的原馆舍。

图 3.5 位于城区西山北路的古建筑天上宫,2003—2012年曾作图书馆

3.3 现今的遂宁市图书馆建筑

2016年,市委、市政府决定在河东新区五彩缤纷北路修建"八馆一中心"(遂宁市文化中心),计划投资1.87亿元的遂宁市图书馆新馆建设项目立项,2017年正式动工,2019年9月竣工。2021年8月,位于遂宁市文化中心C区的市图书馆馆舍正式向市民开放。

3.3.1 总体情况

面貌一新的遂宁市图书馆占地12 643平方米,总建筑面积16 200平方米,地上五层,地下两层。一至五楼,分别设有服务大厅、报刊阅览室、少儿阅览室、图书开架阅览区、电子阅览室、自助学习室、地方文献阅览室、古籍阅览室、视障阅览室、学术报告厅、创客空间、九思城市书房、音乐鉴赏室、数字体验室等16个功能服务区。二楼平台设置有室外阅览区。步行的木制楼梯如层叠的书本,延伸而上,取意"书籍是人类进步的阶梯"。阅览室全开放设计,中间是书架,周围是阅览桌椅,高大宽敞,窗明几净。截至2023年,遂宁市图书馆总藏书量达45余万册,其中馆内藏书量28万余册,数字图书期刊量70余万册,提供服务的数字资源量约526 TB。

3.3.2 主要特色

(1) 环境优美,造型独特。遂宁市图书馆位于遂宁市河东新区五彩缤纷路北段涪江湿地公园旁边,与四川宋瓷博物馆、遂宁市文化馆、遂宁市档案馆、遂宁市科技馆、遂宁市青少年宫等共同组成遂宁市文化中心(图3.6,图3.7),整体建筑既相对独立,又互相连接,建筑外墙颜色有区别也有融合,几个建筑体的中庭为下沉式小花园,可供各馆开展一些小型活动。从空中俯瞰,遂宁市文化中心犹如一朵盛开的花朵,气势恢宏,现代气韵十足。图书馆建筑为其中一片花瓣。在外部环境方面,遂宁市图书馆西面隔街而望是涪江及五彩缤纷北路湿地公园,正门前是几个小型草坪、花园,周围绿植环绕,常年鸟语花香,从楼顶花园绿道可以直接漫步到流水淙淙的江边公园。图书馆犹如坐落在公园之中,形成了"图书馆+公园"模式,营造了优美的阅读空间。

图3.6 俯瞰遂宁文化中心

图3.7 远望遂宁市图书馆正门

(2) 以人为本,交通畅达。遂宁市图书馆位于河东新区,周围有四川师范大学遂宁分校等大专院校、数所中小学校和多个居民小区。虽与老城区和城市中央商务区相距约10分钟

图3.8 暑期阅读高峰时段,读者排队等候入馆

车程,但公共道路四通八达,公共交通畅通便捷。为方便读者,市政府开通了直达图书馆的公交专线,图书馆附近设置有地上、地下2个公共停车场和多个非机动车停车点,方便读者通过多种交通方式到馆借阅(图3.8)。室内外均设置有无障碍通道,场馆入口和电梯未设台阶,为老年人、残障人士等阅读提供了便利。内部交通顺畅,在场馆中部设置有X型步行楼梯,以及2部观光型电梯,各服务区域无障碍相连,方便读者自由活动。

(3)环保节能,通风采光。遂宁市图书馆建筑材料和设施尽量采取环保、节能和耐用的材质,体现了环境效益。墙体除少量隔断外,采用钢化透明玻璃,配备中央新风系统和中央空调,既有自然通风和天然采光,又有冬温夏凉的舒适保障。书架和馆员工作台集中设置于各楼层中部,阅览区环绕四周,设置在临窗处,采光良好(图3.9)。二楼有一个约1 000平方米的花园平台(图3.10),读者可以直接从二楼阅览室走到花园平台,享受阳光下的室外阅读氛围。每个服务楼层均设置有服务台、饮水机,为读者提供便利。

图3.9 二楼、三楼的阅览室。阅览桌椅靠近高大明亮的窗户,采光良好。书架设置在房屋中部位置,书架中部甬道采用感应灯光,方便节能

图3.10 二楼阅览室外的花园平台设置有阅览桌椅,可作户外阅读区。花园平台宽阔,可用作阅读推广的体验活动区域

（4）布局合理，动静分区。根据读者阅读特点，遂宁市图书馆将容易发出声音的少儿阅读服务区设置在一楼南侧，与其他服务区域相对独立，并在少儿阅览室外专为家长设置了休息区（图3.11）。报刊阅览室、视障阅读室设置在一楼服务台后面，方便前台工作人员和大门保卫随时响应服务（图3.12）。二楼、三楼有全开架借阅服务区和自助学习室，还有有声阅览室等（图3.13，图3.14）。四楼为党史资料和文献展览区。古籍特藏室、地方文献书库设置在五楼，实行预约制服务（图3.15）。在负一楼设置活动区，用来开展体验式阅读推广活动（图3.16）。

图3.11 少儿服务区。为尽量减少儿童阅读时对其他读者的影响，少儿服务区设在一楼南侧，与其他服务区相对隔离。阅览室外设置有幼儿涂鸦区和家长等待休息区，为幼儿读者提供随手涂画的场所，也方便幼儿参加阅读活动时家长等候

图3.12 报刊阅览室，服务对象以中老年居多，设在一楼。阅览桌椅靠窗安放，便于通风采光。报刊架和馆员工作台设置在阅览室中间，方便工作人员巡看各个方向的读者，及时为读者服务

图3.13 有声阅览室,设置在三楼,安放有8台听书机,2个听书太空舱,读者既可在这里阅览纸质书刊,也可听书、听音乐,还可组织小型阅读分享活动

图3.14 三楼自助学习室,可组织各类培训

第3章
夯实阅读推广的物化载体

图3.15 五楼的地方文献陈列和查阅室,采取预约制服务,也可举行小型阅读研讨会

图3.16 负一楼展厅。与场馆外下沉式中庭花园相通。室内层高约5米,面积约800平方米。可用作临时展览厅和沉浸式阅读体验活动区域。与其他阅览区域完全隔离,因此开展各类活动不致影响其他读者

3.4 遂宁市图书馆阅读服务空间的拓展

3.4.1 积极拓展馆外阅读推广服务空间

遂宁市图书馆积极加强与机关、企事业单位、社区、乡镇综合文化站等部门合作,将阅读服务的触角延伸到离读者最近的地方,先后在全市建立了5个分馆、150余个联合图书室(图3.17,表3.2)。在市文化广播电视和旅游局的指导下,遂宁市图书馆在全市范围内规划建设分布合理、运营规范、功能多元、主客共享的城市书房——"九思书房",营造人性化、智能化的温馨环境,满足读者的个性化需求。截至2022年底,首批建成九思书房4个,其中河东新区2个、船山区1个(图3.18)、高新区1个。遂宁市图书馆通过"总馆+分馆+联合图书室+城市书房"叠加服务的新模式,运用智能化管理系统,编织出一张市民触手可及的"城乡书网",实现了全市图书馆图书一体化管理和通借通还服务,打通了公共阅读服务的"最后一公里"。

图3.17 遂宁市图书馆阅读服务网点拓扑图

第 3 章
夯实阅读推广的物化载体

表 3.2 遂宁市图书馆联合图书室名录(部分)

所在区县	联建单位	联合图书室名称	联建内容
船山区	遂宁市戒毒所	市戒毒所联合图书室	常年提供 2 000 册书刊资料,根据需要更新图书
船山区	消防救援支队船山区大队	消防官兵联合图书室	提供图书 1 000 册
船山区	常林小学	留守儿童之家图书室	提供图书 300 册
船山区	永和家园	凤栖书院联合图书室	提供图书 600 册,联合开展阅读分享会等活动
经开区	席殊书屋(民营实体书店)	市图书馆阅读基地	提供电脑等数字阅读设备,联合开展阅读推广活动
河东新区	荷堂遂院(省级民宿)	荷堂遂院联合图书室	提供报刊资料,联合开展阅读活动
安居区	东禅小学	爱心书屋	提供书架 4 个,阅览桌椅 2 套,图书 3 000 册
安居区	金龟村	新农村图书室	提供图书 2 000 册
射洪县	中坝村	新农村图书室	提供图书 500 册
蓬溪县	莲珠桥村	新农村图书室	提供电脑 1 台,图书 500 册
大英县	夏家沟村	新农村图书室	提供图书 500 册
大英县	四川省圣海包装科技有限公司	圣海科技联合图书室	提供图书 500 册
高新区	四川宽窄印务有限责任公司	宽窄印务联合图书室	提供电子阅读设备和数字阅读资源,开展阅读分享会等阅读活动
高新区	上达电子党群服务中心	上达电子联合图书室	提供电子阅读设备和数字阅读资源,开展阅读分享会等阅读活动

图 3.18 遂宁市图书馆为船山区永和家园凤栖书院联合图书室授牌

3.4.2 加强联合图书馆的建设、管理与服务指导

（1）合理规划联合图书室的建立

制定《遂宁市图书馆联合图书室建设方案》，明确建设联合图书室的基本原则、建设流程、建设内容，对合作单位的基础条件提出了要求。

基本原则：一是坚持资源共建共享。市图书馆提供文献资源，联合图书室申报建设单位提供服务场地、书架、报刊架、阅览桌椅等基础设施，共同建设联合图书室，申报建设单位和市图书馆均可使用联合图书室的文献资源、设施设备为读者服务。二是坚持服务职责共担。联合图书室申建单位负责图书室日常管理和读者借阅服务工作，市图书馆负责提供业务指导和技术支持，共同确保图书室国有资产有序管理，借阅服务正常运转。三是坚持规划，规范建设。联合图书室按照公共文化服务"公益性、基本性、均等性、便利性"的要求，具有总体规划和具体计划，符合图书馆（室）建设基本规范和标准要求，常年免费向读者开放。

必备条件：一是要有服务场地。联合图书室必须有独立的服务区域，服务场地面积应在30平方米以上。二是要有基础设施。联合图书室至少应配备书架2个、报刊架1个、阅览桌2张、阅览座位10个，以及相应的消防安全设施等。三是要有文献资源。联合图书室应配备有基础文献资源200册以上。四是要有专人管理。联合图书室应落实1名以上专（兼）职工作人员负责为读者借阅文献资源及组织开展阅读活动服务。

建设流程：一是建设规划+建设申请。市图书馆提出全市总体规划，结合各单位的建设要求，由拟建设联合图书室的单位向市图书馆提出书面申请。二是现场勘查。市图书馆收到申请后，应在10个工作日内组织专业技术人员到申请单位现场考察，写出勘查报告。三是研究论证。市图书馆根据调查小组提交的勘查报告，对拟建设单位的基础条件进行研究论证，提出联合图书室建设可行性的结论。四是签订协议。通过研究论证的申建单位与市图书馆签订联合图书室建设协议。五是实施建设。市图书馆为联合图书室授牌，配送文献资源，指导其开展阅读服务。

共建内容：一是共建共享文献资源。市图书馆根据联合图书室实际情况，拟出书目信息，配置文献资源，联合图书室文献资源配置以地方文献、电子文献资源为主。二是提供业务培训指导。市图书馆协助联合图书室建立完善管理制度，对工作人员进行业务培训，提供相应的技术支持（图3.19）。三是共同开展借阅服务和阅读推广活动。联合图书室免费向读者开放，为读者提供书报刊借阅服务，确保开放时间每月不低于100小时；与市图书馆联合开展讲座、展览、研讨会等全民阅读活动（图3.20）。

（2）加强联合图书室的管理与服务指导

一是加强对联合图书室的业务指导。每年组织基层联合图书室管理人员和工作人员开展一次集中业务培训，邀请各省市图书馆学方面的专家讲授图书分类编目、流通借阅服务、信息咨询等方面的基础业务培训。馆长或分馆领导班子成员带队，组织阅读推广部、借阅服务部等相关部室业务人员不定期到联合图书室现场指导业务工作。

二是加强联合图书室业务的统计分析。市图书馆定期收集、汇总各联合图书馆的服务情况，了解读者需求，根据不同图书室的不同需求类型提供阅读设备设施、更换补充文献资源。各分馆和联合图书室负责常规文献借阅服务和日常管理，定期向市图书馆报送

图 3.19 在宽窄印务联合图书室开展业务指导

图 3.20 船山区图书馆在永和家园联合图书室开展少儿阅读推广活动

服务开展情况,包括图书室流通读者人次、书报刊借阅册次、组织各类讲座和活动的场次等(表 3.3～表 3.6)。

(3) 合作开展阅读推广活动

遂宁市图书馆根据全年阅读推广活动计划,结合各图书室主要受众需求,开展有针对性的阅读推广活动。

表 3.3　遂宁市图书馆联合图书室更新文献资源申请函

××××联合图书室
文献资源更新(补充)申请函

遂宁市图书馆：

_____联合图书室位于_____(单位地址)，面积_____平方米，原配置文献_____册，价值_____元。为进一步丰富图书资源，满足读者阅读需求，全面推广全民阅读，特申请更新文献资源，拟退回原配置文献资源_____册、价值_____元，更新(补充)配置纸质图书_____册，电子文献资源_____TB。(其他相关情况可作补充说明)

（联系人：　　　　　　电话：　　　　　）
申请单位：(公章)
　　　　　　　　　　　年　月　日

表 3.4　遂宁市图书馆联合图书室文献资源补充(更新)移交清单

遂宁市图书馆联合图书室文献资源补充(更新)移交清单					
联合图书室名称						
移回文献		册	总价		元	其他
补充文献		册	总价		元	其他

遂宁市图书馆经办人：
遂宁市图书馆分管领导：
遂宁市图书馆主要领导：
　　　　　　　　　　　　　　　　　　　(盖章)　　年　月　日

联合图书室经办人：
联合图书室负责人：
　　　　　　　　　　　　　　　　　　　(盖章)　　年　月　日

附件：补充(更新)、移交文献目录等

表 3.5　遂宁市图书馆联合图书室业务统计汇总表

序号	联合图书室名称	借阅册次	服务人次	阅读活动场次	参与人次
1	××联合图书室				
2	××联合图书室				

表 3.6　遂宁市图书馆联合图书室阅读推广活动统计表

联合图书室名称：　　　　　　　　　　　　　统计时间：

序号	活动名称	活动类别	活动主题	活动内容	活动形式	活动时间	活动地点	参与人次	主、承办单位	其他

备注：1. 活动类别指讲座、展览、体验、研学等；2. 活动形式指线下、线上、线下线上结合等。

3.4.3　联合图书室存在的不足

(1) 服务形式单一，社会成效不够显著。大部分联合图书室建设较早，如 2004 年建立的遂宁市戒毒所联合图书室，2005 年建立的遂宁市雷达站联合图书室等，其设备设施简陋,基本只配置了传统书架、书柜、阅览桌椅,阅读资源也只有纸质文献资源。主要提供纸质文献借阅服务,属于"等"读者上门,很少主动开展阅读推广活动,更没有广泛宣传,服务面窄,服务成效不够显著。

(2) 缺乏专业力量,阅读服务不够规范。一是大部分联合图书室工作人员由所在单位临时安排,更换频率较快,缺乏熟练的专业技术。二是对图书室管理专业知识掌握不够,图书未严格按照规范分类排架,无完整书目,未完善借阅登记流程,无法很好地指导读者进行文献借阅。

(3) 数字建设滞后,服务支撑不够系统。遂宁市图书馆建立的联合图书室有的在社区、乡镇,有的在中小学校,有的在企事业单位,分布广、散、杂,有些还没实现数字化转型升级,未与中心图书馆形成线上联网服务机制,服务各自为政。特别是有些乡镇联合图书室,机构建设变化、人员变化后,情况反馈不及时,其服务方向未及时调整跟上,影响了服务成效。

(4) 标志标识各异,服务形象不够生动。联合图书室常常根据各自工作的特点进行标志设计,未有统一标识,没有形成一个有特色、整体化的管理运行系统,融合度不高,形象不够生动丰满。

遂宁市图书馆目前正在对全市现有的联合图书室进行梳理、整合,对不能继续开展文献借阅服务的图书室进行调整,或清理出联合图书室名录库,或与相邻的联合图书室整合;对服务开展情况较好的图书室进行功能升级,推进数字化建设;对拟新建联合图书室在服务环境、氛围营造、技术管理等方面提出了更高要求,努力推进传统的联合图书室向新型的阅读空间迈进。

4 阅读推广活动空间的优化提升:构建新型公共阅读空间

4.1 新型公共阅读空间的基本概念

近十年来,一种类似于小型图书馆的新型公共阅读空间出现在各个城市,各地公共图书馆为了拓展服务,进一步满足公众更加丰富多样的精神文化需求,也开始尝试与社会机构、个人合作建设公共阅读服务设施。新型公共阅读空间是相对于公共图书馆内设的阅览室等传统阅览空间而言的,主要面向社会公众提供公益性阅读服务,一般是集阅读推广、文化休闲、讲座交流、文创销售、饮品经营等多种功能于一体的复合型空间。王子舟认为,新型公共阅读空间是"由政府或企业、社会组织、个人在社区独办或合办,可供人们免费借阅书刊、自由出入的公共文化场所",这些新型阅读空间"有跨界组合、业务混搭的特点。因此,我们不能将这些新兴的公共阅读空间等同于小型图书馆"。[21]

4.2 建设新型公共阅读空间的重要意义

4.2.1 新型公共阅读空间是对公共图书馆传统阅读空间的提升和拓展

建设新型公共阅读空间是各级公共图书馆推进高质量发展的必然要求。2021年4月,文旅部印发的《"十四五"文化和旅游发展规划》中明确提出,要"创新打造一批'小而美'的城市书房、文化驿站、文化礼堂、文化广场等城乡新型公共文化空间"[22]。相较公共图书馆等传统型阅读空间,新型公共阅读空间往往在空间建设、资源储备、设备配置、服务提供、环境营造等方面更加优质,建设地址选择、建设方式更灵活多样。这些阅读空间一般选址在居民小区、单位图书室、实体书店等区域,在空间距离上和居民更近,面向公众开放,全面提升了公共阅读空间的服务效能,能够更好地满足群众日益增长的精神文化新需求。

4.2.2 新型公共阅读空间是图书馆开展阅读推广活动的重要基地

随着人民群众对精神文化生活品质需求越来越高,传统的图书馆阅读空间已经不能完全满足需要。新型阅读空间大部分具有复合型功能,既具有传播知识、开展社会教育的公益服务功能,又具有文化休闲、社会交往的文化娱乐功能,且大多离居住地很近,方便居民快捷进入,很多居民喜欢到这些阅读空间去逛逛看看。因此,图书馆利用这些新型阅读空间开展阅读推广活动,往往会吸引大量附近居民,获得较好效果。

4.2.3 新型公共阅读空间是对城市文化形象的进一步彰显

目前,大多数新型公共阅读空间都既有政府资金投入,也有社会力量参与,因而各地公共图书馆参与建设的新型公共阅读空间分布广、点位多,造型各具特色,环境布置优美,文化氛围浓厚,成为深受群众喜爱的城市基础文化设施。一座城市的新型公共阅读空间越多越美,功能越完善,越能说明当地政府部门对文化建设的重视和投入,显示当地的社会文化特色,显示社会公众的阅读意愿和文化素养。

4.3 新型公共阅读空间的主要特点

4.3.1 投资主体多元化

新型公共阅读空间的投资主体有政府部门、公共图书馆、实体书店、企事业单位,也有民间组织和个人。创办方式有独立创办、合作创办、联合创办等。王子舟认为,"政府与各方社会力量合作创办公共阅读空间正在呈现上升趋势"[23]。有的是企事业单位提供场地、设施设备,公共图书馆给予文献资源补充,双方共同管理;有的是公共图书馆提供场地、设备设施和文献资源,引入社会力量进行管理运营;有的是社会机构提供场地、设备设施和文献资源并负责运营管理,公共图书馆提供文献资源补充、技术和业务指导;也有公共图书馆、社会机构或个人独立开办、独立运营管理的。投资主体多元化、合作方式多样性可以发挥各方所长,节约资金,实现资源整合、合作共赢,提高阅读推广活动成效。

4.3.2 服务内涵多样化

如果说公共图书馆建立的联合图书室是将阅读服务的触角延伸到居民身边,那么新型公共阅读空间则进一步丰富了公共阅读的服务内涵,提升了文化服务品质,让这一触角显得更加丰满。与传统小型图书馆(室)不同,新型阅读空间提供的服务不再是单一的文献借阅,还融入了专题展览、读者沙龙、小型讲座等阅读推广活动,以及书刊销售、品茗饮食、文创开发等文化消费服务,业务范围越来越广泛,受众面越来越大,既有人因为走进去阅读而产生文化消费,也有人因为走进去消费而被阅读内涵吸引。而且新型阅读空间一般采用了数字智能技术,通过智能门禁系统、自助借还机器等,为公众提供文献借阅服务,有的甚至实现无人值守24小时开放,节省了服务人力成本,突破了传统公共阅读空间的服务时间限制,提升了公共文化服务的效能和品质。

4.3.3 阅读服务公益性

不管这些新型公共阅读空间融入了怎么样的消费服务,各空间在提供文献借阅服务方面基本保持了这样的统一:免费提供图书借阅服务。经营性和公益性的有机结合,既是政府加大投入的基本要求,也是公共图书馆乐意参与的重要原因。而且从目前这些新型公共阅读空间的运营来看,大多数新型公共阅读空间即使提供文化消费服务,也基本采取了低利润优品质的方式,促进了公共文化空间公益性的实现。

4.3.4 公共形象趋美化

新型公共阅读空间一般比较重视视觉冲击和阅读体验感受,外观和内部装饰设计感强,阅读环境优美,阅读设备设施优质新颖,虽然有些面积不太大,但能通过优美的环境和优质的服务尽量让服务对象感到舒适愉快,不少新型阅读空间成为城市网红文化景点。"公共阅读空间不断从物理和功能层面上优化设计,融入地域文化,讲求空间美学,成为新的城市文化地标与文化名片"[24]。

5 新型公共阅读空间的案例学习

5.1 鸿雁书房

在2023年中国图书馆学会科普阅读推广研讨会上,呼和浩特市图书馆卜险峰作了题为《青城飞鸿雁 书香进万家:呼和浩特市高品质公共阅读空间创新实践》的报告,报告中介绍了鸿雁书房的基本情况。鸿雁书房是呼和浩特市打造的,以阅读为基础功能的,多功能、高品质的新型阅读空间。由呼和浩特市文化旅游广电局和呼和浩特市图书馆联合主办,订有城市书房建设、管理、运营和考评机制。其建设模式是由政府提供基础设施,图书馆提供业务的模式,社会力量负责运营。从2020年4月份开始,呼和浩特市陆续有"鸿雁书房"投入使用,这些"鸿雁书房"大部分建在青城驿站内,面积虽然不是很大,设施也不多,只有几张桌子、几把椅子,但是每座"鸿雁书房"内的藏书都有近2500册,包括文学类、社会科学类、党建类以及其他类,其中文学作品、社科类的图书占90%以上。呼和浩特市图书馆每隔一段时间对各鸿雁书房内的图书进行一次调整,图书流动车会将新书运到鸿雁书房,然后再将原来的书打包带回。

鸿雁书房所处位置交通便利,面积50~150平方米,场地装修满足书房使用,有专门的工作人员负责管理。呼和浩特市图书馆也通过不定期地举办借阅活动以及阅读推广活动来提升青城驿站内"鸿雁书房"的使用率。举办活动、讲座前,会在图书馆的公众号上进行信息发布,市民可以报名参与。设有鸿雁书房的青城驿站内有办证机,有阅读需要的市民现场用身份证就可以办读书卡以进入书房内看书、借书。通过鸿雁书房建设,呼和浩特市快速、低成本地构建起了城乡阅读服务体系,让书香飘到了百姓家门口。

通过鸿雁书房的建设,呼和浩特在全市建成了一批多业态、复合型的新型阅读空间,初步建成覆盖城乡的全民阅读服务体系,探索了高品质新型阅读空间建设之路,其成功经验值得我们学习借鉴。

第一,加强顶层设计是新型公共阅读空间建成的必要保障。鸿雁书房的部署、设计、改造、装修装饰等方面,呼和浩特市委、市政府、市文旅广电局给予了全方位的支持,有效保障了书房的建设及初期运营。呼和浩特市文化旅游广电局负责全市高品质公共阅读空间建设的规划布局、建设模式等顶层设计工作,科学统筹规划鸿雁书房的部署及建设,优先部署阅读服务半径较大区域和农村、牧区的书房建设。

第二,完善运营管理是提供高品质服务的根本保证。签订合作协议,制订《"鸿雁悦读"体系建设与服务规范》《呼和浩特市图书馆鸿雁书房管理办法》等一系列规章制度,建立鸿雁书房运行考核及退出机制,鼓励运营机构围绕中华优秀传统文化、呼和浩特地方特色积极研发优秀文创产品,以进一步提高鸿雁书房的吸引力和凝聚力,保障书房的可持续发展。

第三,强化业务支撑是提升书屋服务效能的基本要求。在鸿雁书房的建设过程中,呼和浩特市图书馆提供文献资源、设备,负责图书流通、读者管理、信息发布以及阅读推广活动的开展,同时统筹安排全市鸿雁书房的阅读推广活动,根据服务场地大小、文献资源多少,规定各鸿雁书房每月举办阅读推广活动的场次、规模,提升书屋服务效能,营造全民阅读氛围。

第四,加强跨界合作,推进阅读服务的城乡服务体系全覆盖。通过"图书馆+"模式,与村、社区、书店、学校、银行、医院、企业和政府单位等机构广泛合作,快速、低成本地扩大分馆建设数量和覆盖范围,构建起覆盖全市城乡的阅读服务体系,缩短了用户到达图书馆的物理距离,降低了用户获取图书馆服务的时间成本和物质成本,保障了基层群众享受优质阅读服务的权益。

5.2 城市阅读美空间

2018年,成都市图书馆启动"城市阅读美空间"项目,与实体书店、书院等联合打造全民阅读新场景。该项目在阅读中融入生活美学体验,通过"阅读+"的创新服务,让公共阅读服务走出图书馆,为市民打造"身边的图书馆"。这些阅读空间散布在城市的各个角落,提供图书展示、借还书、活动讲座、阅读休闲等服务。成都图书馆根据书店不同读者群的需求,提供2 000册图书,统一管理,且每月流转一次。并结合读者群特点,每年开展公益阅读活动不少于20场。全市所有公共图书馆之间均能实现全域通借通还。成都市民在"城市阅读美空间"和全市所有公共图书馆,除了能用读者证借、还书以外,均能使用成都市社保卡(包括电子社保卡)进行借阅。到2021年,成都市已培育"城市阅读美空间"37家,覆盖成都15个区(市)县。"城市阅读美空间"获评四川省文旅公共服务高质量发展"四个一批"优秀品牌[25]。

成都市"城市阅读美空间"给我们的启迪：一是阅读空间在距离上要"近"民，让市民就近在优美空间中享受阅读之美，有效提升其阅读获得感；二是阅读空间在服务形式上要"便"民，市民可以最大程度地方便快捷地享受阅读服务，无障碍地走进阅读空间；三是阅读空间在服务内容上要"亲"民，让不同的读者群体都可以阅读到自己喜爱的内容。

5.3 红船·书苑

浙江嘉兴市图书馆依托特有的红色文化资源和城乡一体化公共图书馆服务体系，传承"红船精神"，建设"红船·书苑"，到2022年已建成25家，遍布城乡。其中"红船·南湖书苑"建设在南湖景区内，内部装饰风格突出红色主题，将红色文化教育、图书馆阅读推广、地方历史风貌展示、文创产品展示等服务整合在同一个空间内，形成红色读物学用体系，是市民学习交流的跨界型特色书苑。"红船·书苑"的纸质文献资源以红色经典和地方文化为主，其中习近平新时代中国特色社会主义思想、"红船精神"、党史研究、伟人传记等党建相关图书，占全部纸质资源的50%以上。在借阅服务方面，"红船·书苑"融入嘉兴市图书馆服务体系，实现了"一卡通行""通借通还"，游客和读者可以在"红船·书苑"中借书，到任一服务点还书。在数字资源建设上，依托嘉兴数字图书馆，加大党建类电子图书的采购数量，购买党建相关的数据库。在"红船·书苑"中设置电子阅读设备，市民只要扫一扫就能将电子书和视频借阅到手机，随时随地阅读，让红色文化传播更加便利[26]。浙江嘉兴市图书馆"红船·书苑"让我们进一步体会到，"特色"是新型公共阅读空间的亮点，是吸引公众走近阅读的魅力所在。

5.4 荒岛图书馆

荒岛图书馆是非营利性民间图书馆，由《城市画报》执行主编刘琼雄发起。第一家荒岛图书馆于2009年12月在广州正式对外开放，目前在全国150多个城市，有600多个分馆加入了荒岛大家庭，并已延伸到东南亚地区。荒岛图书馆多建在社区之内，书籍以家庭杂志和娱乐类书籍为主，服务时段以节假日和下班时间为主。荒岛图书馆是纯公益性的，主要靠民间捐书运作，市民捐赠、寄存、寄售十本书籍即可成会员，免费借阅这里的图书。放在此处义卖的书，每本售价不能超过15元，卖书收益的10%会捐到公益基金中去。荒岛图书馆所有藏书可供在馆阅读，可外借图书向有借书权限的读者提供外借服务。荒岛图书馆接受爱书之人的慷慨捐赠，致力于为所有爱书人提供一个"有价值闲置图书"的共享平台，为喜欢阅读的人提供一个可供休憩和充实心灵的空间，是颇具影响力和号召力的社区公益图书馆[27]。

荒岛图书馆给我的启示是：开展阅读推广，民间力量不可忽视。荒岛图书馆提倡"共建共享"的理念，由读者捐赠图书，由志愿者管理，参与者可自行组织活动。据此，公共图书馆可以积极主动联合民间力量，共同拓展阅读推广服务空间，推进全民阅读活动。

6 遂宁市建设新型阅读空间的实践

如果说联合图书室是拓展阅读服务网点的传统模式，那么建设新型阅读空间则是遂宁市图书馆从"新空间、新场景、新应用"的新型公共文化空间建设理念入手,提升阅读推广服务空间品质的积极实践。

6.1 遂宁民兵图书馆

6.1.1 基本情况

遂宁民兵图书馆位于遂宁军分区内,面积400余平方米,配置有书架6个、期刊架2个、服务台1个、电脑6台,图书7 000册、期刊60余种700余期(册),数字资源20 TB,包括100万册电子书、10万集视频和3 500种电子期刊。安装有Interlib图书馆自动化集群管理系统,配备自助办证系统、社保卡读者系统、扫描器、借阅设备等管理所需的设施设备。遂宁民兵图书馆于2020年5月正式开馆以来,年接待读者6 000余人次,借阅书刊2 000余册次,开展了文旅大讲坛、"庆国庆·诵中秋"主题晚会等形式多样的阅读活动,备受大家的喜爱和好评。2023年,遂宁民兵图书馆被评选为四川省全民阅读"三个一百"示范工程特色阅读空间。

6.1.2 建设模式

遂宁民兵图书馆采用军地联建共享方式,由遂宁军分区、遂宁市委宣传部、遂宁市文化广电和旅游局、新华文轩出版传媒股份有限公司等共建。遂宁军分区提供图书服务场地、基础设施,负责工作人员日常管理;市图书馆提供纸质文献资源、数字资源、图书集群管理系统,负责业务活动的管理与指导、人员的业务培训与考核,以及软件系统的运行管理和维护等,同时保障文献资源的不断更新;新华文轩遂宁市分公司、新华文轩遂宁书城负责提供书籍和部分设备。

6.1.3 服务方式

常年免费向全市18万民兵、预备役人员和军分区、人民武装部全体官兵开放,提供书刊借阅、数字资源查阅、专题讲座等服务,各项业务指标接入遂宁市图书馆总系统,分项独立运行,实现通借通还和数字化、信息化、一体化和一站式服务。

6.1.4 服务特色

一是文献资源特色化,以军事类为主,设有文化军旅、国防建设、地方文献专架,首期上架图书7 000余册、期刊60余种;二是服务对象特殊性,以民兵、预备役人员和军分区、人民武装部官兵为主;三是服务内容复合性,除提供文献借阅服务外,场馆内还设有健身器材、休闲茶座,官兵们可阅读、可休闲、可健身,图书馆成为绿色军营文化交流、休闲品茗、休闲健身等丰富业余文化生活的新型阅读空间。

6.1.5 主要成效

一是民兵专题服务首创性。遂宁民兵图书馆作为全国首家以民兵为主体服务对象的专题图书馆,为全市18万民兵打造了一个集成化的学习阵地和专业化的学习平台,通过宣传党的声音,传播先进文化,普及国防知识,筑牢听党指挥的思想根基,提高能打胜仗的实际本领。作为遂宁市图书馆分馆,为绿色军营搭建了充满芬芳书香的精神家园。

二是军地共建模式创新性。发扬双拥精神,充分调动社会各界力量,由遂宁军分区、地方文化系统和文化企业共同建设和协作运行,推进军地共建文化阵地,军民共享文化服务,军地合作打造集成化阅读推广阵地和专业化学习平台。遂宁民兵图书馆作为特色化的新型阅读空间,是文化进军营示范点、国防教育基地、青少年爱国主义教育基地和新时代社会主义精神文明建设实践阵地,展示了党、政、军、企团结协作、奋发有为的精神面貌。

三是资源共享服务一体性。采用现代图书馆理念和技术,融实体图书馆体验、虚拟图书馆分享、阅读活动交互等于一体,与遂宁市图书馆数据互通、资源共建,在管理、资源、人员、活动、服务等方面实现一体化,为遂宁市公共文化服务体系延伸建设探索出了新路子,对推动区域公共图书馆共建共享具有重要指导意义。

6.2 遂宁九思书房

遂宁市从2022年开始在全市建设城市书房,以"九思"为城市书房统一命名,打造城市"15分钟阅读圈",丰富市民的阅读文化需求。"九思"出自《论语·季氏篇第十六》,孔子曰:"君子有九思:视思明,听思聪,色思温,貌思恭,言思忠,事思敬,疑思问,忿思难,见得思义。"遂宁市为加快推进九思城市书房建设,制定了整体建设方案,统一了管理系统,规范了服务制度,明确了保障措施,将九思城市书房建设工作纳入"我为群众办实事"计划,并纳入年度考核。截至2022年年底,全市建成九思书房4个,分布在城区城南、城中、城东几个区域。2023年启动第二批九思城市书房建设,并逐步对公众开放。

6.2.1 九思书房建设方案

(1) 总体思路

通过建设分布合理、运营规范、功能多元、主客共享的城市书房,进一步延伸公共文化服务链条,构建城市"15分钟阅读圈",营造浓厚的"书香遂宁"氛围,提升全民阅读素养,引领城市文化风尚,为养心文旅名城和区域文旅康体中心建设、城市能级全面提升做强文化支撑。

(2) 目标任务

坚持"服务群众需求、体现地方特色"理念,在全市范围内打造一批亲民、近民的城市书房。2022年在中心城区建成首批4个城市书房,2023年开始,根据城市发展和群众需求,按照年度分批次在有条件的区域,合理布局,逐步增加,力争2025年年末,在全市建成的城市书房不少于20个。

(3) 建设模式

采取合作共建、资源共享、统一标志、分级管理的方式,由市文化广电旅游局、县(市、区)文化旅游行政主管部门、各级公共图书馆共同参与建设。由城市书房所在地的县级文化广电旅游主管部门负责制定和细化实施方案,报市文广旅游局审核备案,并落实场地建设、基础设施设备建设、日常服务与管理等工作。市文化广电旅游局根据各书房建设和服务情况给予政策扶持和项目资金支持。市图书馆承担中心馆职能,对全市城市书房进行业务统筹、指导和协调,统一制定和指导实施城市书房业务标准和服务规范,负责配置书籍的采购编目,组织书房管理人员培训等,并将图书更换、技术保障、监督巡查等纳入市、县公共图书馆智慧管理系统和县级图书馆总分馆系统,建成"总馆＋分馆＋联合图书室"模式。

(4) 建设标准

① 建设选址:主要选择居民人口集中、交通便利、市政配套设施良好,符合安全、卫生、环保等规范要求的区域。百米内有公共卫生间、警务室或保安亭为宜,相邻城市书房之间距离原则上不小于1.5公里。

② 建筑基础:场馆使用面积原则上不少于100平方米,新建或改建均可。设置图书阅览基本功能区,根据实际设置文化交流、小型讲座、文娱休闲等拓展服务区。在外观造型、室内装修和环境设计上体现文化风格,注重品质和文化特色,营造温馨舒适的阅读环境。

③ 设备配置:采用统一的图书馆自动化管理系统和射频识别(RFID)等技术进行管理,设置自助办证机、自助借还机等。读者可凭身份证、社保卡刷卡或扫二维码进入,基本实现24小时自助服务。安装高清网络监控摄像头、安全门禁系统,配置书架、阅览桌椅、工作台、图书消毒柜、还书箱以及不少于3 000册的图书等。条件合适的可设置储物柜、公共电子阅览区等。

④ 人员配备:每个九思城市书房配备至少2名专(兼)职工作人员,负责书房的日常管理运行工作。包括图书整理,维持书房秩序,保持场馆整洁;受理读者咨询,指导读者使用自助借还设备和查找图书;组织开展公益讲座、阅读推广等活动;组织文旅志愿者参与城市书房管理等。

⑤ 标识标牌:要求统一采用"九思"这一名称和LOGO标识,各县(市、区)可根据地方文化特色确定本地区书房具体名称。在城市书房显著位置悬挂标牌,在适当位置公示开放时间、借阅规则、文明公约、活动安排以及"附近公共卫生间路线示意图"等内容。

(5) 管理服务

① 坚持属地管理、主体责任原则。由属地文化旅游主管部门承担九思书房日常管理、维护运营、人员保障等工作,并将工作成效纳入年度考核。

② 坚持免费开放、资源共享原则。提供公益性全民阅读服务,组织开展读书分享、公益讲座、分享沙龙、非遗传承等阅读推广活动,鼓励城市书房免费向读书会等社会团体提供场地以举办阅读推广活动。

③ 坚持文旅业态融合发展原则。符合条件的城市书房可在适当范围设置空间,引入文创展示等公益性项目,或与企业合作开展书籍售卖、简餐品茗、文创产品销售等经营性项目,但不得开展与阅读功能和服务无关的商业性活动。

6.2.2 九思书房日常管理制度

为加强九思书房日常管理,为读者提供优质、高效的文献借阅服务,针对日常管理制定了统一的管理制度,要求各书房严格遵规执行。

(1) 日常管理

① 加强场馆监管。坚持对场馆定时巡视,每日巡视不得少于三次。发现问题若能立

即整改的应立即整改并做好记录,如无法立即整改的应及时向书房属地主管部门反馈。

② 加强设备维护。定期对各类借阅设备设施进行维护保养,确保设备设施使用正常,方便、及时为读者提供文献借阅服务。

③ 加强环境维护。及时整理阅览桌椅,保证阅览座席摆放规范整齐,方便读者使用。做好保洁卫生工作,保证书房内卫生整洁、无异味,垃圾按照分类要求进行及时清理。

(2) 图书管理

① 做好图书归类排架。坚持每天定时整理排架,保持图书、报刊归类正确,规范排架。

② 做好图书内容检查。定期开展读架、巡架,杜绝任何非法出版物出现。发现不属于九思书房内的图书时,工作人员应予以清缴、登记,并向书房主管部门报备。

③ 做好图书保护管理。采取措施防盗、防失、防损坏,如有图书丢失、损坏,需要求丢失、损坏人员予以赔偿并向书房主管部门报备。

(3) 安全管理

① 坚持专人负责,实行 24 小时视频监管。建立九思书房视频监管统一管理平台,支持智能检索回放功能、可视语音对话功能,并接入指定的手机、电脑、监控屏等终端设备。监控视频文件需保留 3 个月以上。

② 加强安全生产,做好书房安全监督管理。每日做好安全责任区域的安全巡查工作并做好记录,及时排查消防、安全隐患并及时上报整改;做好日常维护工作,每月对灭火器和消火栓进行一次检查并做好记录,做到台账清楚、责任明晰。

③ 加强治安管理,建设平安美好书房。对不安定因素和苗头能超前预测,积极预防不安定因素的发生,防止任何违规、违法行为发生,确保治安稳定,建设平安、和平、美丽书房。

④ 坚持文明借阅,做好读者服务管理。建立文明借阅制度,对不文明或不遵守规则的读者,及时劝导制止;涉及打架、斗殴、吸烟、破坏设备设施等违法犯罪问题,及时向 110 或派出所报案,并向主管部门报备。

⑤ 坚持读者优先,做好应急处置工作。建立应急管理预案,遇到火灾等突发事故,要优先做好读者疏散,并做好相关应急处置工作。

6.2.3 遂宁市图书馆九思书房

遂宁市图书馆九思书房由遂宁市图书馆独立建设,位于河东新区市文化中心 C 区,面积约 200 平方米,现有藏书 6 000 余册,阅览座位数 60 余个。每周二至周日 9:00～21:00 面向读者免费开放。采用"天枢"智慧城市书房系统进行管理,实现了智慧化自助服务功能。遂宁市图书馆九思书房是中心图书馆,全市九思书房的图书管理、图书借阅服务全部进入中心馆管理系统,实现一体化、一站式服务和图书通借通还。采用图书视觉盘点及图书摄影定位技术,读者可自助查阅图书的实时位置,快速、准确地查找到所需图书的位置,随阅随还。

遂宁市图书馆九思书房所采用的"天枢"智慧城市书房系统包含自助管理(借还、办证、查询)、实时盘点、安防门禁、智能监控(音视频)、广播对讲、智能环境监测(光照、温度、湿度、空气质量、人流)、书房智慧大脑、读者服务小程序、图书流通管理等九大模块,主要内容有书房管理、读者服务、大数据监测三个方面。其中书房管理包括盗书告警、实时盘点、行为监测、服务成效、环境监测等;读者服务包括自助管理、远程预借、上新提醒、书房查找等;书房智慧大脑包含读者分析、图书分析、阅读行为分析、管理成效分析等。

遂宁市图书馆九思书房的主要特点:一是位于市图书馆主建筑内,既与图书馆主服务窗口相连接,又相对隔离且有单独出入通道,与市图书馆主场馆借阅服务互为补充;二是采用视觉盘点技术管理,无需人工即时分类整理亦可查询书籍实时位置,方便了读者,节省了人力资源;三是常年不定期组织开展形式多样、丰富多彩的全民阅读活动,既是智慧化阅读服务空间,也是集书籍阅览、自助学习、文化社交、文化休闲于一体的新型阅读空间(图3.21)。

图 3.21 遂宁市图书馆九思书房为读者提供文献借阅、自助学习、阅读分享活动等多种形式的阅读服务

6.2.4 河东新区九思书房

遂宁市河东新区九思书房由河东新区管委会建立,于2023年4月建成开放,总面积约400平方米,内设成人阅览区、电子资源阅览区、亲子阅读区、休闲茶区、学术报告厅等功能服务区。现有书籍6 530余册,其中少儿图书530余册,成人图书6 000余册,设有阅览座席约100个。书房采用了智慧图书管理系统、智慧书架系统、自助借还系统、无人值守门禁系统,读者可通过身份证、社保卡等有效证件直接刷卡进入书房,自助查询书房内最近一个小时以内的图书位置信息,并通过自助借还设备完成图书借阅。同时为了突出河东新区以年轻家庭为主要受众的特点,满足亲子阅读的氛围营造,书房设置了帐篷阅读区,深受广大少儿读者的喜爱,时常出现一篷难求的火热景象。河东新区城市书房坚持在河东新区管委会和遂宁市文化广电旅游局的共同领导下高质量发展,夯实业务能力,提升运营成效,弥补了河东新区公益性图书馆发展的空白。

河东新区九思书房主要特色:一是位于旅游集散中心,环境优美,外观设计独特,在"形象"上吸引了年轻读者;二是设置帐篷阅读区,配备大量少儿读物,在"形式"上吸引了少儿读者;三是采取自动化管理,无人值守,24小时开放,旅游集散中心内有安保人员24小时巡逻,在"安全"方面让读者得到保障,方便进入、放心阅读(图3.22~图3.24)。

图 3.22　遂宁市河东新区九思书房外观

图 3.23　遂宁市河东新区九思书房内部设置

图 3.24　遂宁市图书馆在河东新区九思书房开展少儿阅读推广活动

6.3 遂宁八小时外书店

八小时外书店是遂宁一家民营小书店（图3.25），2022年开始营业。店主是一个上班族，故其营业时间分段，周一由书店主理人主持，开放时间在八小时工作时间之外，周三至周日为13:30~22:00开放。书店面积不大，分两层，一楼主要为图书区和定制文创售卖区，二楼为体验阅读区，读者可在此间享受阅读"慢"时光。店内图书主要由店主人精心挑选，其中有售卖的图书，也有供店内阅读的图书。店主通过提供月度主题书单、实施城市漫游计划、组织观影会和书友见面会等形式开展阅读分享和阅读推广，读者以会员方式参加。店内还有文创售卖、茶饮、简餐等经营活动，颇具巧思，如在茶的名字上赋予书的情怀："源从本心""朝花夕拾""走出剧情""浮生如梦""一期一会"等；在为读者提供的购书纸袋上，印上"无论城市大小，阅读必不可少""买书会上瘾"等与阅读、书相关的语句。八小时外书店虽然小巧，但环境布置清新、雅致，让读者带着一份感情走进阅读，感受温馨。目前，该书店已经建立起一定的读者群体。

八小时外书店的启示有：一是阅读推广要有"温度"。带着一份文化情怀推广阅读，能让读者产生情感共鸣。读者走进书店，不仅会有享受品质服务之感，更产生与店主是书友之感。二是阅读服务可以把社会效益与经济效益有机结合起来。三是公共图书馆可以与这些民营实体书店联合起来，共同组织阅读推广活动。因种种原因，目前实体书店单纯依靠图书售卖很难维持下去，然而通过各种方式，该店店主既开展了阅读推广公益服务，也实现了一定的经营效益。于店主个人，自己的爱好有了精神上和物质上的收益；于受众来说，找到了一个特别的阅读空间，阅读更有趣味。

图3.25 遂宁八小时外书屋外观和图书区

7 发展新型公共阅读空间的思考

随着公众对新型公共阅读空间的认知度、认可度逐渐增加，新型公共阅读空间在阅读推广中的作用和满足群众精神文化生活需求的价值开始逐渐发挥和彰显。但从目前的发展现状来看，相较大中型城市，西部地区地市级城市的新型阅读空间还存在着发展定位不明确、资源不足、阅读服务专业性较弱和社会效益不明显等问题,新型公共阅读空间出现发展后劲不足的问题,一些新型公共阅读空间开始时热热闹闹,慢慢就沉寂下来。笔者认为,推进新型公共阅读空间建设,发挥其在全民阅读服务和阅读推广中的职能作用,应该坚持政府引导阅读空间规范发展,各级公共图书馆要主动加入建设、指导文献借阅和阅读推广业务,激励社会力量积极参与,共同推进新型公共阅读空间优质发展。

7.1 加强发展规划统筹,激励多元力量参与

一些新型公共阅读空间由民间力量建设并提供公益性服务,而这些民营阅读空间很容易出现资金断层、供需不对等、后继乏力现象,迫切需要多方力量支持,通过多方合作、跨界合作,推进空间作为阅读推广重要力量的价值实现。一是政府和文化主管部门可以通过制订建设规划、出台支持政策、给予扶持资金等方式鼓励和引导新型阅读空间的建设,激发社会公众个体的责任感、创造力和想象力,让社区居民参与到公共阅读空间的管理、规划、运行之中,建设自己身边的"图书馆"。二是处理好"供"与"需"的关系,特别是政府部门牵头建设的阅读空间,要建在群众需要的地方,提供区域受众喜欢的阅读内容,不要让建成的美丽阅读空间成为无人光顾的"空"城,而群众需要的地方却无"城"。三是可以通过购买服务的方式,给公共阅读空间提供资源帮助,让企业、社会组织等更多的社会力量参与进来,多方合作,共建共享,促进新型阅读空间多元化发展。当多方力量共同参与建设,相关部门加强规范管理,服务受众对象主动参与进来时,新型公共阅读空间就有了更多活力和可持续发展潜力。

7.2 坚持借阅服务为主,提升专业技术水平

由于很多地方的新型公共阅读空间是民营书店、社会组织或个人最先开始建设的,不少公共阅读空间特别是一些民营性质的公共阅读空间在文献借阅提供、阅读推广开展、服务管理等方面存在自由随意性。因此公共图书馆既要积极建设独立运行的新型公共阅读空间,也要主动加强与其他机构或个人建设的新型公共阅读空间的联系,参与到各新型公共阅读空间的业务规范化建设中去,促进空间坚持基本服务公益性,满足社会公众普及阅读需求;协助空间加强服务人员的专业技术能力培训,提升空间服务专业水平;联合开展形式多样的阅读活动和文化休闲活动,丰富新型阅读空间的服务内涵。

7.3 实行差异化智慧服务,丰富公众阅读体验

根据空间所处地理位置、受众群体,建设外形各异、内容有别、服务针对性强的不同层次的新型阅读空间,构建起既有统一规范,又有各自特色的新型阅读空间服务体系。在空间设计上可以根据不同的主题和用途进行装修和布置,总体上要给读者以舒适、宁静、开放、自然的体验,通过营造浓郁的文化氛围让读者在阅读空间中感受到独特的文化气息。在技术设备方面,要引进先进的技术设备,如VR体验、多媒体展示等,以提供更加多样化的阅读体验。在文献资源提供上,要根据不同的读者需求选择适合的图书,丰富数字资源。在活动策划组织上,根据不同的阅读推广受众开展不同层次的阅读活动,如读书会、文化讲座、健康讲座、绘本故事、书法交流等。

因新型公共阅读空间覆盖面广、服务内容丰富多彩、服务方式受欢迎,越来越多的人

走进空间,爱上阅读,阅读推广的社会效益也就得到了体现。

参考文献

[1] 中国人大网. 中华人民共和国公共文化服务保障法[EB/OL]. (2016-12-25)[2024-04.04]. http://www.npc.gov.cn/zgrdw/npc/xinwen/2016-12/25/content_2004880.htm.

[2] 中国人大网. 中华人民共和国公共图书馆法[EB/OL]. (2018-11-05)[2024-04.04]. http://www.npc.gov.cn/zgrdw/npc/xinwen/2018-11/05/content_2065662.htm.

[3] 四川省人民政府. 四川省公共文化服务保障条例[EB/OL]. (2021-10-31)[2024-04.04]. https://www.sc.gov.cn/10462/10464/10797/2021/10/31/16d708d355134a90a99422ed03d1ed2f.shtml

[4] 中华人民共和国文化部. 公共图书馆建设标准:建标 108-2008[S]. 北京:中国计划出版社,2008.

[5][12][15] 李明华. 大学图书馆建筑六十年变迁略述[M]//高凡. 变迁中的大学图书馆建筑. 成都:西南交通大学出版社,2010:3-15.

[6] 中共中央党史和文献研究院,中共学习贯彻习近平新时代中国特色社会主义思想主题教育领导小组办公室. 习近平新时代中国特色社会主义思想专题摘编[M]. 北京:中央文献出版社,2023.

[7] 王世哲. 唱响时代新旋律:图书馆建筑完美体现人文关怀[M]//高凡. 变迁中的大学图书馆建筑. 成都:西南交通大学出版社,2010:107-111.

[8] 樊亚玲. 对图书馆建筑与人文关怀的思考[M]//高凡. 变迁中的大学图书馆建筑. 成都:西南交通大学出版社,2010:116-120.

[9] 杨江丽,谭云江. 高校图书馆休闲功能的开发与构建[M]//高凡. 变迁中的大学图书馆建筑. 成都:西南交通大学出版社,2010:58-61.

[10][14] 胥倜,朱晔. 书店作为城市基础设施[Z/OL]. (2023-10-07)[2023-10-12]. https://mp.weixin.qq.com/s/SVeqetRbwz3tC9FBgJK_Gw.

[11] 范并思. 图书馆元宇宙的理想[J]. 中国图书馆学报,2022,48(6):40-42.

[13] 林光美. 流转与蜕变:我见图书馆新构筑的浮现[M]//高凡. 变迁中的大学图书馆建筑. 成都:西南交通大学出版社,2010:16-31.

[16] 中国国家图书馆. 国图概况[EB/OL]. [2023-11-12]. https://www.nlc.cn/web/dsb_footer/gygt/lsyg/index.shtml.

[17] 杭州图书馆. 杭州图书馆[EB/OL]. (2023-06-01)[2023-11-12]. https://www.hzlib.net/fwwd/5982.htm.

[18] 苏州图书馆. 苏州图书馆介绍[EB/OL]. [2023-11-12]. https://www.szlib.com/stgk.html.

[19] 四川省图书馆. 四川省图书馆(四川省古籍保护中心)简介[EB/OL]. [2023-11-12]. https://www.sclib.org/info.htm?id=1021510800316071.

[20] 成都图书馆. 本馆简介[EB/OL]. [2023-11-12]. https://www.cdclib.org/library/info.html.

[21][23] 王子舟. 我国公共阅读空间的兴起与发展[J]. 图书情报知识,2017(2):4-12.

[22] 文化和旅游部. "十四五"文化和旅游发展规划[EB/OL]. (2021-04-29)[2024-04-01]. https://zwgk.mct.gov.cn/zfxxgkml/ghjh/202106/P020210602572504684474.pdf.

[24] 李建霞,文卫华. 我国公共阅读空间的兴起与发展趋势探析[J]. 出版广角,2019(8):19-21.

[25] 成都图书馆. 覆盖14个区(市)县,第二批24家"城市阅读美空间"就在你身边![EB/OL]. (2021-01-13)[2024-03-26]. https://mp.weixin.qq.com/s/7Shyvc1_yaP7oFTIVrhEmA.

[26] 中国图书馆学会. 专栏:凝聚精华 助力推广:图书馆特色阅读空间之文旅融合篇(二)[EB/OL]. (2022-12-29)[2023-10-12]. https://www.lsc.org.cn/cns/contents/1672215860724/1611300383300145152.html.

[27] 荒岛图书馆@南宁 Uspace. 什么是荒岛图书馆[EB/OL]. [2023-11-12]. https://site.douban.com/236433/.

第4章

强化阅读推广的执行力量

地市级公共图书馆阅读推广探索与实践
——以遂宁市图书馆为例

开展阅读推广活动,虽离不开活动的组织与策划者,但也离不开阅读推广活动的具体执行人,高素质的阅读推广人对阅读推广成效提升起着重要作用。为规范有效地开展阅读推广活动,促进全民阅读事业发展,需要进一步培育阅读推广人。特别是地市级公共图书馆,高层次专业人才相对较少,阅读推广队伍的培训工作就尤显重要。

1 阅读推广人的主要职责

1.1 阅读推广人的概念理解

中国图书馆学会在2014年全民阅读推广峰会暨阅读推广人培育行动启动仪式上将"阅读推广人"定义为:具备一定资质,能够开展阅读指导、提升读者阅读兴趣和阅读能力的专职或兼职人员[1]。按照《深圳市阅读推广人管理办法》的定义,阅读推广人是指个人或组织阅读机构,通过多种渠道、形式和载体向公众传播阅读理念、开展阅读指导、提升市民阅读兴趣和阅读能力的专业和业余人士[2]。阅读推广人可以是图书馆中提供读者服务的工作人员,也可以是从事阅读推广的其他人员,如学校老师、书店工作人员、作家、志愿服务者等等。笔者认为,作为公共图书馆馆员,人人都应该是"阅读推广人",人人都要积极参与到阅读推广工作中。

国家图书馆张章认为,阅读推广人的概念有广义和狭义之分,广义的阅读推广人是指"无论通过何种形式,使用何种内容、出于何种目的,凡是从事阅读推广工作的人就是阅读推广人";狭义的阅读推广人是指"出于促进他人阅读的目的,用具有专业性的方式,从事阅读推广工作,经过学习或培训以及实践,具有一定阅读推广能力的人"[3]。笔者认为,公共图书馆开展阅读推广工作既需要有泛众阅读推广人,也需要有专业阅读推广人。泛众阅读推广人主要是出于个人爱好、兴趣、热情或工作需要,向人们推荐阅读书籍、参与阅读推广活动实施的个人或组织,他们让阅读推广覆盖面更广。专业阅读推广人则是具有一定专业知识和技能,取得相应的专业资质,能有效组织实施阅读推广活动的专业人员或组织,他们让阅读推广影响更深。作为图书馆馆员,理应具备专业化素养和能力,承担起专业化阅读推广人的职责。

1.2 阅读推广人的主要职责

一是拓展读者群体,提升阅读兴趣。

积极宣传阅读的益处,让对阅读兴趣不浓、重视程度不够的人爱上阅读,让"潜在"和"散漫"的读者成长为"积极"的读者。阅读是人们获取知识、认识世界的重要途径,阅读的自觉自发有自然主观天性(如对未知世界的好奇心和探索欲),但更要靠客观启发和后天培养。阅读推广人要将人们的这种自觉性激发出来,引导读者更加热爱阅读,养成良好的阅读习惯,让阅读成为人们生活的重要部分。

二是推广阅读内容,搭建人书桥梁。

图书馆有丰富的文献资源,要让这些丰富的文献资源发挥其传递知识、传承文化的作用,就要为它找到合适的读者。公共图书馆有不同年龄、不同职业、不同文化层次的读者,有些读者带着特定的阅读目的来找寻自己需要的图书,这类读者需要图书馆员引领他在图书馆浩瀚的书海中找到所需文献。有些读者没有特定目的,只带着非特定阅读兴趣来看看有无自己喜欢的图书,这类读者则需要图书馆员为他提供合理化建议,帮助他找准适合自己的文献资源。从这方面来说,阅读推广人的职责就是熟悉馆藏资源,了解读者需求,让馆藏图书都有它的读者,为走进图书馆的读者找到需要的图书。

三是组织阅读活动,提升阅读成效。

安静的阅读是传统阅读最主要、最重要的方式,随着阅读资源载体的丰富多样化和非纸质阅读方式对人们的吸引,人们的阅读习惯在不断更新迭代。阅读推广的模式如果只是简单地推荐书目、介绍好书,对读者的影响力自然会弱化,因而主题读书活动、知识竞赛、体验活动、文化讲座等开始成为阅读推广的重要方式。阅读推广人要策划组织各种阅读活动,让人们通过参与形式多样、内容丰富的阅读活动找到适合自己的阅读方式和内容,获取最大化的阅读成效。

2 公共图书馆阅读推广人的基本要求

公共图书馆阅读推广人要热爱阅读,有一定的知识积累和文化素养,有一定的专业能力,让阅读服务惠及读者、惠及大众。

2.1 阅读推广人的技能要求

2.1.1 要有策划组织能力

阅读推广人不仅要具备执行能力,能够把上级交办的阅读推广活动组织好、开展好,还要具备整体策划能力、组织能力。能够结合实际制定本馆的阅读推广计划,明确本馆开展阅读推广的总思路、阶段目标、具体任务,保证阅读推广有序开展。能够根据总计划和读者需求,围绕某一主题,策划可行性强、读者吸引力大、阅读推广成效优的具体活动方案,并及时组织实施。

2.1.2 要有敏锐洞察能力

阅读推广人应该具备敏锐的文化洞察力,能够及时掌握最新的文化动态和趋势,了解社会阅读趋势。能够根据读者群体的年龄结构、文化程度、职业分布等情况,及时掌握受众类型,确定阅读推广的重点服务对象。能够准确分析判断出读者使用图书馆的主要方式和体验感受,了解个性需求,明确阅读推广活动主体方向。

2.1.3 要有沟通协调能力

地市级公共图书馆的阅读推广工作不是众多单个活动的机械合成,而应该是面向读者的整体呈现,很多时候还应与本地其他类型图书馆、跨地区图书馆联盟、其他单位合作推进。阅读推广人应该具备良好的沟通技巧,善于协调:一是能够和本馆各部门协调合作,把本馆各类力量集合在一起,共同开展相关活动。二是能够与读者建立良好的关系。

公共图书馆的读者有各种层次、各种行业，要能与这些读者友好沟通，了解他们的阅读需求和问题，根据不同读者的阅读需要提出有效的阅读推广方案。三是能够及时有效地和相关部门合作。阅读推广活动已不只是图书馆或某个单位的独立行为，很多部门都越来越重视阅读推广，主动加入到图书馆的阅读推广活动中来，这时阅读推广人的沟通协调能力就更加显得重要。

2.2 阅读推广人的内涵素养要求

阅读推广人应该具备一定的文化素养、图书馆学专业知识、职业精神和文化情怀。

2.2.1 阅读推广人的知识储备面要广

阅读推广人应该具备广泛的知识储备，对文学、历史、哲学、艺术等多个领域的基础知识都要有涉猎，这样才能更好地理解书籍内容，为读者提供更有价值的推荐和建议。要有持续学习的意识，不断更新自己的知识储备，不断提升自身的文化素养，以适应不断变化的文化环境和不断提升的读者精神文化需求，更好地为读者提供优质的阅读服务。

2.2.2 阅读推广人的阅读鉴赏力要优

阅读推广人本身不仅要爱阅读，还要会阅读，掌握一定的阅读技巧，具备较为丰富的阅读经验，具备良好的文学鉴赏力、出版物品质评估能力，能够准确评估书籍的质量和价值，精选出更多更优的文献资源呈现给读者。能够深入理解读者的阅读需求和偏好，为他们提供个性化合理化的阅读建议，帮助读者找到合适的阅读资源。

2.2.3 阅读推广人的专业知识量要实

作为图书馆馆员的专业阅读推广人应该掌握扎实的图书馆学基础知识。一是要掌握一定的图书学科分类方法、信息检索知识，对馆藏文献资源有整体的了解，具备必要的文献服务能力，能够准确向读者揭示推广阅读的文献资源，能够在浩瀚书海中为读者推荐需要的阅读资源。二是要加强阅读推广理论和专项技能的学习和研究。要认真思考阅读推广是什么，阅读推广为什么，阅读推广怎么做。中国图书馆学会组织编写的《阅读推广人系列教材》，对阅读推广人的培育和阅读推广工作开展很有助益。三是加强教育学和心理学等相关方面的知识学习。教育学知识可以帮助阅读推广人掌握引导阅读方式；心理学知识可以帮助阅读推广人更好地了解读者心之所想、阅之所要。

2.2.4 阅读推广人的文化情怀要足

这种文化情怀包括对文化和阅读的热爱，对阅读推广的热情。阅读推广是一项公益性服务，很多工作是无偿的，因此阅读推广人要有无私奉献精神。很多能够持久推进的阅读推广活动，就是因为它的阅读推广人有着深厚的传统文化素养，能够用他的学识吸引爱阅读的人，用他的热情感染走近阅读的人，聚集阅读人群。

3 地市级公共图书馆阅读推广队伍现状分析

近几年来,各级公共图书馆开展了丰富多彩的阅读推广活动,建立了或大或小、或专业或业余的阅读推广队伍。大部分公共图书馆的阅读推广队伍主要是本馆工作人员,也有部分是来自社会各阶层的人员。

3.1 个体角色交互性

阅读推广人不只是一种身份、一份工作,更意味着一份职责,阅读推广人要从单一的图书馆馆员向多元化发展。目前很多图书馆设有阅读推广部或读者服务部负责阅读推广,但是地市级公共图书馆人手少,单靠某一个部室很难把活动做好。遂宁市图书馆开展阅读推广工作特别是一些较大型的阅读推广活动时,基本是全馆总动员,齐心协力一起抓,参与者不再只是单纯的前台咨询服务员、图书整架员、图书采访分编员或古籍管理员,变成人人都是阅读推广人的角色。在具体的活动之中,每个人所承担的职责和作用不一样,或直接面向读者推荐好书新书、经典读物,或面向幼儿读者讲读绘本故事,或引领读者开展阅读分享,或负责策划活动,或负责组织实施,或负责沟通协调,或负责宣传报道。

从社会层面来说,目前还没有阅读推广人的职业资格认定,没有严格的职业能力标准约束,一般来说,阅读推广人都身兼数职。很多社会阅读推广人都是本着对阅读的热爱和对公益事业的热心参与到阅读推广工作中的。如入选"中国好人榜"的遂宁某医院原院长刘图耻,在退休后的11年内,行程2万余里,收集矿泉水瓶2.4万余个、废旧报刊、纸板2.2万余斤,变卖后获得现金3万余元,同时收购图书1.3万余册,他将之捐赠支持建设农村小学爱心读书室5个,又经常到爱心读书室指导农村留守儿童阅读书籍,他经常说"我想让更多的农村儿童有书读、爱读书,读上好书"。直到他去世前不久,还在四处奔波,为农村爱心读书室筹集书籍。

3.2 群体来源广泛性

随着"开展全民阅读活动"被历史性地写入《中共中央关于深化文化体制改革 推动社会主义文化大发展大繁荣若干重大问题的决定》[4],阅读的重要性愈加成为社会共识,越来越多的个人和组织参加到阅读推广队伍中来,有的自发组织阅读推广活动,有的积极参与各级公共图书馆组织的阅读推广活动。如遂宁市阅读协会是一个民间组织,常常组织开展群众性阅读活动,主动参加遂宁市图书馆组织的阅读推广活动,其阅读社群的运营获四川省文化和旅游厅表彰的2022年文旅公共服务高质量发展"四个一批"优秀案例。又如遂宁市首届青少年人工智能智慧阅读大赛由遂宁市图书馆牵头承办,吸引了遂宁市团委、市青少年宫、市科技馆等多家单位参与,联动推广了数字阅读,取得了较好成效。

3.3 业务水平参差性

随着加入阅读推广队伍的人员数量越来越多,阅读推广人的个体理念、能力出现较大差异[5]。一是图书馆阅读推广队伍人员复杂,有本馆人员,也有来自社会各阶层各单位的人员,水平各异。目前许多地市级公共图书馆因为种种原因,工作人员结构复杂,除本馆馆员外,还有许多聘用人员。如遂宁市图书馆在编人员15人,通过项目制聘用人员有22人,这些聘用人员有的业务能力较强,既可组织策划,也可积极推动阅读推广活动,但因待遇偏低,这类人员流动性大;有的更多的是带着完成任务的心态参与阅读推广,专业知识薄弱,业务技能掌握不精。来自社会的阅读推广人则动机各异,水平参差不齐。二是对阅读推广工作的认知各异。有的阅读推广人有自我阅读意愿、阅读技巧和一定的知识积累,带着浓厚的阅读兴趣带动其他人一起阅读。有的阅读推广人把阅读推广作为一份职责和工作,运用自己的组织能力和工作热情,推动读者阅读[6]。

4 加强阅读推广队伍建设

地市级公共图书馆的阅读推广面对的受众对象职业复杂、文化程度多层、年龄包罗各段,要顺利开展阅读推广,活动需丰富多彩、形式多样,阅读推广队伍应该是综合性队伍,既需要泛众阅读推广人,也需要专业阅读推广人。泛众阅读推广人基本都是本着对公益事业的热心、热情参与到阅读推广工作中来的,他们不一定有图书馆专业知识和技能,但他们有各自的专业优势,只要能够充分运用他们的工作热情、资源优势、宣传阅读、推广阅读,就能在很大程度上弥补图书馆专业队伍力量薄弱、人手紧缺等不足,充实阅读推广队伍。阅读推广人的专业化则是阅读推广质量不断提升的保障,中国图书馆学会阅读推广委员会主任李东来认为,图书馆阅读推广专业化需要有知识贡献、核心与边界、时间积累、实践和主体意识,图书馆要思考在全民阅读大背景下,推进阅读推广的差异化,突出图书馆的优势和价值。而不论是泛众阅读推广人还是专业阅读推广人,都必须具备一定的基础和技能,一起推进阅读推广品质不断提升。

4.1 培育壮大阅读推广队伍

4.1.1 招募志愿服务阅读推广人

通过招募志愿服务者加入阅读推广队伍,引导社会各方力量共同参与阅读推广,壮大阅读推广队伍,扩大阅读传播范围。遂宁市图书馆经常通过微信公众号等形式面向社会招募学生志愿服务人员,利用学生志愿者自我阅读兴趣浓厚和社会活动参与积极性高的特点,让他们加入阅读推广队伍中。如与四川省职业技术学院达成合作协议,由学院定期组织实习学生到市图书馆担任志愿服务者,参与阅读推广服务。这类志愿服务者与学生读者年龄相仿、爱好接近,有一定的共同话语,能够了解学生读者的阅读趋向,可以有方向性地向读者推荐图书资源,协助开展相关活动,在阅读推广中往往会起到较好成效。志愿服务阅读推广人的局限性在于人员流动性较大,服务时间主要集中在寒暑假期间;没有经过专项技能教育,在图书馆学专业阅读推广方面的知识和实际经验上还存在一定的缺失。

4.1.2 培育社会阅读推广力量

社会阅读推广力量是图书馆阅读推广活动不可缺少的能量,特别是地市级公共图书馆势单力弱,应充分利用社会资源,通过与社会各界合作,共同开展活动来壮大本地的阅读推广队伍。

一是与政府机关事业单位、社会团体、艺术界等合作,共同策划、组织阅读推广活动,提升活动的质量、影响力和可持续性。这一类阅读推广队伍是相对稳定、思想统一、行动规范、公益性质强、社会信誉度高的力量,可以借助政府部门高层统筹加强联动合作。

二是加强与民间阅读推广组织的合作。民间阅读推广组织在大城市出现较早,发展迅速,如深圳的民间性阅读推广组织从2008年开始,在不到5年的时间内,仅三叶草故事家族、彩虹花公益小书房等民间阅读推广组织在全市就发展到分别拥有17个和11个分站,其他知名的读书组织还有后院读书会、深圳读书会、南都读书俱乐部、蒲公英读书会、小津读书会等[7]。民间阅读推广组织的加入,让深圳的阅读推广队伍不断壮大,成为全国阅读推广重镇和阅读推广先锋城市之一。

遂宁是四川省的一个地级市,有数家民间性质的阅读推广组织,如遂宁市阅读协会、百科书店、八小时外书店等。百科书店和八小时外书店是民营实体书店,他们不仅是向公众销售图书,还经常利用自己的场地便利和资源优势开展读书分享会、少儿故事讲读会和名片观影会等。遂宁市阅读协会是一个民间社会组织,常自发组织开展阅读活动,也会积极参与到市内公共图书馆组织的阅读推广公益性活动中,成为遂宁阅读推广队伍中的一员。新华文轩遂宁书城作为国企性质的实体书店,经常组织开展"文轩姐姐讲故事""文轩讲座进校园"等公益性质的阅读推广活动。遂宁市图书馆每年举办"4·23"世界读书日等较为大型的阅读活动时,也会邀请这些民间组织和实体书店加入。

社会阅读推广组织优势是其有一定的文献资源和人力物力资源,拓展了一个地区的阅读推广队伍和阅读推广覆盖面,推进了阅读影响力。但也有一定的局限性:大多数民间阅读推广组织带着收获经济效益的目的,关注点更多地放在通过阅读推广活动实现图书销售量的增加;文化内涵和专业技能需要进一步提升,很多民间阅读推广组织在活动策划、组织方面更灵活,但在推广内容选择上更偏重于"流量类"书籍。公共图书馆要综合思考如何扬长避短、合作共赢等问题,既要引导这些民间阅读推广组织加入公益性阅读推广工作中,也要考虑其经营性质和可持续发展空间。

4.1.3 邀请名人名家担当阅读推广大使

名人名家不仅在其专业领域有一定的成就,作为公众人物,还有较大的公信力和社会影响力。公共图书馆邀请名人名家担当阅读推广人,可以发挥其个人魅力,利用他们的社会影响力吸引更多的人关注图书馆的阅读活动,激发更多人的阅读兴趣,提升阅读推广的效果。地市级公共图书馆在邀请名人名家担当阅读推广人方面,以邀请名人名家开展文化讲座、阅读分享、荐书荐读等为主要形式。如绵阳市图书馆举办的"名家开讲·涪江讲坛"公益讲座,邀请中国文物学会会长、故宫博物院学术委员会主任单霁翔主讲《文化的力量——让文化遗产资源活起来》,紧接着推出延伸阅读书籍《我是故宫看门人》《我在故宫修文物》《从紫禁城到故宫:营建、艺术、史事》《故宫的古物之美》等,让读者在讲座中领略600年故宫沉淀之美,在阅读中了解故宫故事;邀请中国人民大学国学院教授、博士生导师谷曙光主讲《盛唐三大诗人(李白、杜甫、高适)的事功与行藏》,把唐诗、唐史阅读推送给读者[8]。遂宁市图书馆邀请西南交通大学文学院教授柏桦主讲《唐诗与我们的生活》；邀请四川职业技术学院教授罗莹主讲《〈三国演义〉拥刘反曹思想解读》，通过讲座让听众感受中国古代文学的精彩，引导读者读唐诗、看四大名著（图4.1）。

图4.1　遂宁市图书馆通过邀请四川职业技术学院教授罗莹主讲形式推送阅读

4.2　提升图书馆阅读推广队伍专业水平

4.2.1　培育专业阅读推广人是提升阅读推广质效的必然要求

作为专业阅读推广人的图书馆阅读推广馆员，是阅读推广队伍不可或缺的组成。加强阅读推广馆员的专业知识内涵、专业实践能力和学术研究能力对阅读推广工作的科学发展起到重要推动作用。范并思认为应该从图书馆职业核心价值、核心理念和职业伦理出发，理解阅读推广的专业化，思考如何提高读者阅读意愿和阅读能力，提议建立图书馆员职业认证和职业能力标准来约束规范职业培训，培养合适的阅读推广人才[9]。不同于大中城市公共图书馆和大学院校图书馆，地市级公共图书馆对阅读推广人的阅读服务专业理论要求相对较为基础，更注重阅读服务实践能力的培育。

4.2.2　公共图书馆阅读推广队伍培育模式的实际要求

一是要分类分层级培训。地市级公共图书馆人力资源建设受多方面因素影响，在提升阅读推广队伍专业化水平方面，既要考虑专业建设的必要性，也要考虑实际工作的可行性，通过各类业务培训来提升现有阅读推广队伍的专业水平[10]。二是注重基础理论和基本专业技能培训。在儿童阅读推广方面，讲故事的技巧和早期阅读理论是培训的基础内容要求[11]；在成年人阅读推广方面，沟通技巧是培训的内容要求之一。美国在阅读服务专业人才培养方面的特点之一就是以能力标准指导人才培养工作，其中"识字和阅读"是专门的阅读能力标准[12]。三是注意培训方式的多样性。应既注意阅读推广培训的规范性，又注意培训的灵活多样性，可以理论学习与实践探索相结合、继续教育与专业教育相结合，包括举办专门的理论培训班、在实践中培训等，构建一个良好的培训机制，促进阅读推广人更好地成长。

4.2.3 遂宁市图书馆培育阅读推广人的主要做法

遂宁市图书馆在专业人才队伍建设方面，主要通过几种方式加强专业人才队伍整体素质的提升。

第一，引入人员时注重实际工作的专业需要。如在推进本馆业务工作由传统借阅服务向自动化建设转型时，为更好拓展数字阅读推广服务，先后选调计算机专业本科1名，公开招考计算机专业本科1名、计算机专业硕士1名。近几年比较注重古籍保护、修复与开发利用和古籍体验阅读推广服务，故2023年引进古典文献学专业的硕士研究生1名。2022年搬迁至新馆后，增加14名窗口辅助服务人员，明确要求人员的文化程度必须在大专以上，且专业侧重文科，并重点选聘了有一定活动策划组织能力的人员，安置在阅读推广部。

第二，重视对在职人员进行图书馆学专业的定期培训。遂宁市图书馆每年会在4月组织一期全市公共图书馆馆员业务能力提升培训班，对全市公共图书馆馆员进行图书馆学业务理论和专业技能的培训。如2022年邀请四川省图书馆副研究馆员樊迪、资深修复师吴石玉等讲授关于古籍保护与修复的专业知识，并指导开展古籍体验阅读推广活动。2023年邀请西南交通大学公共管理与政法学院党委书记、硕士生导师、研究馆员高凡教授授课，以"'数字中国'战略背景下图书馆智慧化转型思考"为题，从现实、挑战到应对，为大家讲解数字图书馆与智慧图书馆的内在联系，提出面对图书馆智慧化转型挑战的应对措施(图4.2)。这些全市性的图书馆学业务理论和专业技能培训有效提升了全市图书馆专技人员的业务素养，借智赋能全市公共图书馆阅读推广工作高质量发展。

图4.2 2023年4月，西南交通大学公共管理与政法学院研究馆员高凡为遂宁市公共图书馆专技人员授课

第三，组织馆员参加中省图书馆学会线上线下业务培训。这是对图书馆馆员进行在职继续教育的重要形式。地市级公共图书馆可以通过积极参加中省相关部门组织的专业培训，改善专业培训资源不足的现象。近几年，中国图书馆学会和四川省图书馆学会经常在线上线下组织各类专业培训，如在内蒙古呼和浩特召开的2023年科普阅读推广研讨会，会上围绕"联合社会力量，推动科普阅读"主题，文化和旅游部、国家文化和旅游公共服务专家委员会首席专家、北京大学博士生导师李国新教授，中国图书馆学会阅读推广委员会主任李东来，全国图书情报专业学位研究生教育指导委员会委员柯平教授先后做了主题报告。遂宁市图书馆专门组织负责阅读推广工作的馆员参会学习，获益匪浅。

4.3 加强公共图书馆阅读推广队伍统筹管理

随着阅读推广工作的创新发展，以及阅读推广队伍的复杂多样，对公共图书馆的阅读推广队伍的统筹管理成为提升阅读推广服务质量的重要内容之一。加强阅读推广人管理主要是要将阅读推广志愿服务人员的招募，阅读推广人员的专业培训、工作评价以及激励措施等要素有机结合起来，充分挖掘其潜能及主观能动性，深入推进全民阅读。

4.3.1 建立相对稳定的阅读推广队伍

公共图书馆阅读推广人员队伍的来源广泛性、职业复杂性、水平参差性影响着阅读推广服务的质量，建立相对稳定的阅读推广队伍才能确保阅读推广品质的发展。一要规范组建。特别是在阅读推广志愿服务人员的招募上，要有一定的规范和基本要求，既要有数量的增加，也要有质量的保证。二要建档归类。对阅读推广志愿服务人员、本馆阅读推广工作人员、担当阅读推广大使的知名人士、联动合作的阅读推广社会组织等进行建档归类，明确各类阅读推广人的专业、特长，并有的放矢地运用。三要分类使用。根据他们各自的特点和优势，组织其参加相应的阅读推广活动。有计划、有针对性地组织阅读推广人员，可以构建完善阅读推广队伍，丰富阅读推广人力资源。

4.3.2 规范完善阅读推广队伍管理制度

"阅读推广人管理的最终目标是借助阅读推广人的力量深入推进全民阅读，管理的基本原则应体现在对阅读推广人的人文关怀和对阅读推广活动的优化等方面"[13]。要完善阅读推广工作制度，制定相关规章。这些规章制度应该包括招募阅读推广人的工作方案、阅读推广人应遵守的纪律制度等，应明确工作职责、工作流程、服务标准等，确保阅读推广人工作的规范化和专业化，确保阅读推广工作的持续性和稳定性。

4.3.3 完善阅读推广队伍评价激励体制

把考评和激励制度作为有机统一的整体，对积极热心参与活动策划、组织活动取得成效的阅读推广人给予一定的精神鼓励或物质奖励，以吸引更多的专业人才、优秀人才加入阅读推广队伍。

遂宁市图书馆主动进行阅读推广队伍培育，阅读推广队伍的专业能力不断增强，阅读素养不断提升,实践经验不断丰富,阅读推广成效不断显著。但是仍存在对阅读推广专业性质认识不够深、对阅读推广人员管理不够严、对阅读推广人的激励机制有缺失等问题,需要在以后的实践中不断加强理论学习,摸索实践方法,按照现有的行业标准,运用本馆资源和力量,结合工作和本地读者的真实需要,加强阅读推广人培育的统筹规划、实践推进,培养出一支高素养的阅读推广队伍。

参考文献

[1] 邱冠华,金德政.图书馆阅读推广基础工作[M].北京:朝华出版社,2015:13-16.

[2][7] 谯进华.深圳阅读推广人的实践及发展[J].特区实践与理论,2013(2):64-66.

[3] 张章.阅读推广人培训的现状与展望:以中国图书馆学会阅读推广人培育行动为例[J].图书馆杂志,2016(8):36-41.

[4] 中国青年报.中共中央关于深化体制改革 推动社会主义文化大发展大繁荣若干重大问题的决定[N].中国青年报,2011-10-26(1).

[5][13] 安珈锐,田丽.全民阅读背景下的阅读推广人管理策略研究[J].图书馆,2023(4):43-48.

[6] 郑勇,胡冰倩,惠涓澈.图书馆阅读推广人的基本要求及培养方式[J].图书馆论坛,2019,39(1):138-144.

[8] 绵阳市图书馆."名家开讲·涪江讲坛"第1期:单霁翔:《文化的力量:让文化遗产资源活起来》[EB/OL].(2023-03-30)[2024-04-10].https://mp.weixin.qq.com/s/RsFiKieJmPVTRG9_1giq1w.

[9] 范并思.论图书馆的阅读推广专业化建设[J].中国图书馆学报,2022,48(3):4-14.

[10] 张婧.我国阅读推广人培育机制研究述评[J].河南图书馆学刊,2021,41(11):2-4.

[11] 倪连红.我国公共图书馆儿童阅读推广人培育:调查与思考[J].国家图书馆学刊,2021,30(4):49-54.

[12] 吴建华,周玉琴.美国阅读服务专业人才培养的经验与启示[J].图书情报知识,2019(5):90-100.

第 5 章
开展阅读推广基础服务

阅读推广是一项系统工程，不同的推广主体在向不同的服务对象进行推广阅读时要根据实际情况采取不同的方式。遂宁市图书馆认真学习其他图书馆的优秀案例，把开展阅读推广的服务重点放在利用资源优势，优化阵地建设，完善阅读服务体系，开展文献资源借阅和推送服务，包括馆藏书目推荐、新书好书荐读、文化讲座展览等方面。

1 完善文献借阅阵地服务

1.1 提升文献借阅基础服务

1.1.1 发挥阵地优势，完善基础阅读服务矩阵

根据笔者调研，四川各公共图书馆均积极立足阵地建设，增设服务窗口，拓展服务范围，增加服务内容，丰富服务方式，让读者享受到更多的阅读服务。如成都市图书馆开放服务窗口20余个，设有中文图书外借室、青少年阅读中心、视障读者阅览室、学术报告厅、数字阅读体验空间、读者自修室、报刊借阅室、文献提供及信息咨询服务中心、成都市政府信息公开查询点、成都市版权服务工作站等服务窗口。南充市图书馆开放有图书外借部、期刊阅览室、过刊阅览室、总服务台、少儿国学馆、少儿阅览室、少儿VR/AR体验区、云阅读服务、读者自学室、盲文阅览室、多功能演播厅等11个服务窗口[1]。

2022年8月，遂宁市图书馆馆舍从位于城区小北街搬迁至河东新区遂宁市文化中心，建筑面积从1 400平方米增加到16 000余平方米，场馆设施得到极大改善。根据场馆条件，遂宁市图书馆在原有的书刊借阅室、电子阅览室、视障阅览室、少儿阅览室的基础上，增设了九思书房（图5.1）、古籍服务区、地方文献服务区、工具书服务区、有声图书馆、自助学习服务区、24小时借阅亭等服务窗口，根据不同读者的不同阅读需求开展多方位服务。2023年，根据青年学生读者自习服务的需求，添设阅读座席，划定延时阅读空间，推出"成人深度自助阅读服务区"（图5.2）。根据读者休闲阅读的需求，在一楼服务大厅一角设立休闲书吧区，配备咖啡机、休闲沙发、阅览座椅等，满足不同消费层级读者的需求，提升读者阅读体验。

图5.1 遂宁市图书馆九思书房，晚上仍然"高朋满座"

图 5.2　遂宁市图书馆成人深度自助阅读服务区向读者开放至晚上 9 点

1.1.2　优化图书借阅流程,提升阅读服务功效

（1）推行电子借阅证。为方便读者,从 2018 年开始,遂宁市图书馆取消了传统借书证和读者卡,读者既可到服务台请图书馆工作人员协助办理电子借阅证,也可以在自助办证机上办理电子借阅证,还可以通过微信公众号,利用身份证和社保卡号码注册,开通图书借阅功能,凭身份证和社保卡证件号即可办理各类图书外借手续。2023 年,遂宁市图书馆新注册电子借阅证 8 966 张。

网上办证流程: 关注"遂宁市图书馆"微信公众号 → 服务 → 微服务大厅 → 自助办证 → 填写个人信息 → 提交注册。

第一步:微信搜索"遂宁市图书馆"公众号并关注(图 5.3)。

图 5.3　遂宁市图书馆微信公众号页面

第二步：进入遂宁市图书馆微信公众号，点"服务"→"微服务大厅"（图 5.4）。

图 5.4　遂宁市图书馆微服务大厅页面

第三步：进入"微服务大厅"，选择"自助办证"（图 5.5）。

图 5.5　遂宁市图书馆公众号自助办证页面

第四步：按要求填写相关信息，提交后显示"注册成功"，则读者证办理完成；提交后显示"已注册"，则是已有读者证（图 5.6）。

图 5.6 遂宁市图书馆自助办证读者注册页面

第五步:读者证注册完成后返回微服务大厅界面,点击"个人中心"→"账号绑定",账号为身份证号,设定密码,提交后显示绑定成功(图 5.7)。

图 5.7 遂宁市图书馆读者账号绑定页面

读者注册账号后,即可凭身份证号借阅馆内各类图书,参加本馆组织的阅读推广活动。

(2) 推行人脸识别无感借阅。通过"跳蚤云图"APP绑定读者证,添加人脸图像后,即可通过人脸识别系统,直接进入图书馆,办理借阅手续,实现无感借阅图书。实行无卡借阅和人脸识别"快速通道"服务后,读者进入图书馆和办理借阅手续更加方便快捷,满足了现代快节奏的阅读需求,入馆读者日益增加。2023年,遂宁市图书馆日均入馆读者达1 300余人次,周末、暑期、节假日入馆读者超3 000人次。据统计,2023年,遂宁市图书馆全年实现图书借阅141 356册次,同比增长91.4%;借阅人次43 070,同比增长80.9%。

(3) 实施无证阅读服务。除在疫情防控期间,实施预约入馆和借阅高峰期控制馆内实时人流数量外,读者无需出示证件即可入馆阅读馆内的开架书刊,查阅政务服务信息,或在自助学习区域阅读学习。

(4) 简化借还书程序:进入读者账户后,将拟借阅图书放置在自助借阅机下部感应区,上方显示器显示读者证件号、所借图书书名、册数、可借图书册数等信息后,即完成借阅手续(图5.8)。

人脸识别借书:点击"人脸借书",面部对准摄像头,识别成功后进入借书流程。

密码借书:点击"密码借书",输入读者证(身份证)号和密码,确认后进入借书流程。

身份证件借书:点击"证件借书",将有效身份证放在证件识别区,识别成功后进入借书流程。

社保卡借书:将社保卡插入读卡器,识别成功后进入借书流程;也可在自己手机上调出电子社保卡二维码,在读卡器上进行扫描,识别成功后进入借书流程。

还书:点击"还书",将需归还的图书放在图书感应区,即可完成归还手续。

图5.8 服务大厅内的图书自助借阅机

1.1.3 深化免费开放服务,采用诚信积分管理制度

目前,四川各地市州大部分公共图书馆实行免押金借阅服务。2017年,遂宁市图书馆对读者证进行了清理和排查,制定详细方案,对原办证时收取读者的押金进行清退。读

者办借阅证不再收取押金,而采用诚信积分管理,凡是在图书馆新注册的读者,设置基础积分 100 分。当读者证积分在 60 分~80 分,为借阅、查询等图书馆服务的警戒区,系统开始报警提示;积分在 60 分以上,读者可以全面享受遂宁市图书馆信息查询、图书借阅等服务;积分在 60 分以下的读者证将被暂停使用,该读者将暂时无法借阅馆内图书[2]。

对读者阅读积分实行动态管理,当读者在图书馆借阅图书超期归还,借阅的图书出现污损、缺页、遗失等,违反图书馆相关管理制度等情况时,视严重程度扣除相应积分。如果读者遵守图书馆规章制度,主动参加图书馆志愿者服务、相关读者活动,捐赠正规出版的文献等时,则给该读者证增加相应积分。读者阅读积分管理制度既是对读者的一种制约,也是一种激励,不少读者特别是青少年读者常常主动参加图书馆志愿服务和各类阅读推广活动,以增加积分。

1.2 延时错时开展阅读服务

延时错时开放是图书馆根据读者需求采取的重要措施,方便更多公众更常走进图书馆。四川省各地市级公共图书馆每周对读者开放时间均达到 63 小时以上,做到了延时错时开展借阅服务,节假日不闭馆。笔者通过网络查询到四川 15 家地市级公共图书馆的开放信息情况如下:有 6 家周一闭馆,8 家周二或周五闭馆,仅 1 家周日闭馆;有 11 家开放时间延长至下午 6 点以后。遂宁市图书馆根据各借阅区域读者使用情况,实施延时错时服务,以满足不同读者的阅读时间需求。少儿服务区、报刊服务区、数字图书馆等服务区域每天开放 8.5 个小时,少儿服务区的绘本故事会等阅读推广活动主要安排在周六或周日下午,方便家长陪同参加。二楼开架服务区和自助学习室每天开放时间为 10.5 个小时,以满足阅读时间较长的读者需求。一楼深度阅读区和九思书房每天开放 12 小时,满足阅读时间长的读者的需求(图 5.9)。场馆前设置有 24 小时自助借阅亭(表 5.1)。

图 5.9　九思书房门前的注册识别机,读者绑定人脸后,点击左上角的"人脸识别",通过人脸识别后,书房门打开,读者即可进入

表 5.1　遂宁市图书馆服务窗口开放时间一览表

序号	窗口名称	所在楼层	开放时间	备注
1	少儿服务区	一楼	周二至周日(9:00～17:30)	基本服务区
2	报刊服务区	一楼	周二至周日(9:00～17:30)	基本服务区
3	九思书房	一楼	周二至周日(9:00～21:00)	基本服务区
4	视障服务区	一楼	周二至周日(9:00～17:30)	基本服务区
5	开架服务区	二楼	周二至周日(9:00～19:30)	基本服务区
6	开架服务区	三楼	周二至周日(9:00～17:30)	基本服务区
7	自习服务区	三楼	周二至周日(9:00～17:30)	基本服务区
8	多媒体服务区	三楼	周二至周日(9:00～17:30)	基本服务区
9	有声图书馆	三楼	周二至周五(9:00～17:30)	特色服务区
10	创客空间	三楼	根据预约开放(周二至周五 9:00～17:30)	特色服务区
11	古籍服务区	五楼	根据预约开放(周二至周五 9:00～17:30)	特色服务区
12	地方文献服务区	五楼	根据预约开放(周二至周五 9:00～17:30)	特色服务区
13	工具书服务区	五楼	根据预约开放(周二至周五 9:00～17:30)	特色服务区
14	学术报告厅	一楼	根据预约开放	特色服务区
15	悦读吧	负一楼	根据预约开放	特色服务区

1.3　利用先进设备构建硬核服务基础

一是配备现代化数字设备，满足群众对阅读的多元化需求。遂宁市图书馆配备了RFID自助办证机、自助借还书机、电子图书借阅机等现代化硬件设施，方便读者查询、借还、续借、预约等。设立视障服务区和有声图书馆，配置专用阅读桌，以及一键式阅读机、读屏软件等设备，开展"诵读经典·阅享人生"无障碍读书活动，保障特殊人群的文化权益。二是使用Aleph图书馆集成管理系统，全面实现检索智能化，既方便读者快速找到想要借阅的书籍，又有利于图书馆馆员系统管理图书、读者信息，与读者进行更好的互动与沟通。三是使用大数据平台分析系统，即时显示读者到馆人次、在馆人数，方便馆员进行读者到馆情况和阅读情况统计分析；与市政务服务和大数据管理局的端口连接，做到图书服务数据全量接入遂宁市政务信息资源共享交换平台，实现图书馆服务数据全市共享。

2　多种形式推荐新书好书

推荐新书好书是图书馆为了满足服务对象学习或阅读需要而开展的阅读推广基础服务。走进图书馆的读者，有的带着明确目的和阅读需求，有想要阅读的书目，则其直接寻找想要阅读的图书即可。而有的读者则没有明确的阅读目标，又有一定的学习和阅读需要，为这些读者提供可选择的好书新书书目清单或以其他形式推荐图书，是图书馆阅读推广人员的基本职责。遂宁市图书馆通过编制推荐书目、布置新书展示台等方式向读者推荐图书。

2.1 编制推荐书目前的准备

2.1.1 了解读者需求

不同的读者群体有不同的阅读需要,从年龄层次上看,幼儿、青少年和成年人的阅读需求有很大区别。遂宁市图书馆通过阅读研究,及时了解不同读者的阅读需求,以便更好地向不同年龄段、不同阅读层次的读者推荐合适的图书。

2.1.2 确定推荐主题

推荐书目既要有综合性的,也要有专题性的。明确并确定书目主题,可以增加阅读吸引力。如"国家图书馆文津图书奖书目"可以吸引品质阅读人群,"推理悬疑小说推荐书目"会吸引喜爱推理小说的读者。遂宁市图书馆会根据不同的服务目的和阅读推广目标确定一个主题,先后确定了"红色故事绘——每日荐读""新中国75年之民族团结专题""新中国75年之依法治国专题"等推荐主题。

2.1.3 筛选推荐图书

挑选优秀书籍既需要有大量的文献资源信息支撑,也需要阅读推广人员具备一定的综合文化素养,能鉴别不同版本图书的优劣,能从书海之中找出适合服务对象的图书。一般来说,地市级公共图书馆的文献资源信息不够丰富,阅读推广人员的专业技术力量薄弱,大部分会根据各种图书评奖结果、图书销售排行榜来挑选推荐书目。通过这种方式挑选出的推荐图书大都有品质保障,对读者的吸引力也强。

2.2 编制推荐书目的方式

推荐书目是阅读推广最传统、最基本的手段之一,对读者具有一定的阅读向导作用。

2.2.1 条目式推荐书目

编制条目式书单对阅读推广人的专业要求不高,只需其对图书进行简单描述,如推荐图书的书名、作者等简单信息。这类推荐书目在图书借阅排行榜方面使用较多。不少图书馆会在特定时间发布最受读者欢迎的图书榜单,向公众展示一定时期之内的阅读文化精粹,供读者挑选。遂宁市图书馆会在服务大厅的服务数据显示屏上及时推出每月的图书借阅排行榜,按借阅量从高到低推送书目,帮助读者了解热门图书的借阅情况,并可根据自己的喜爱从中选读图书。

2.2.2 著录式推荐书单

优秀的阅读推广人既会精心挑选符合读者需求的图书,也对推荐图书进行必要的著录,除书名、作者外,会呈现图书的出版社、出版时间等版本信息以及图书的内容提要,有些还会在推荐书单上撰写推荐词,吸引读者阅读[3]。遂宁市图书馆在编印的内刊《悦读汇》上设置了馆藏地方文献推荐专栏,向读者推荐地方文献。

图5.10　遂宁市图书馆每月图书借阅排行榜

推荐书目示例：遂宁市图书馆馆藏地方文献推荐（一）

《涪上脞谭·巴蜀文化与文献论集》

作者：胡传淮。遂宁市图书馆选编，2018年由巴蜀书社出版。胡传淮，著名文史学者、巴蜀文化研究专家，四川蓬溪人，长期致力于蜀中历史名人、巴蜀文化和地方文献的挖掘、搜集、整理、研究和宣传工作，30余年来出版专著70余部，发表论文、随笔和诗词等作品300余篇。本书精选了胡传淮先生多年来研习巴蜀文化与文献之心得，视野远溯唐宋，人物涉及释道、闺秀，所勾画的历史图版更加完整和细密，既呈现了胡传淮先生热爱乡土先贤的人文情怀，也为学术界开展巴蜀文化进一步研究奠定了基础、提供了方便（图5.11）。

《遂宁县志校注》

主编：杨世洪；副主编：何瀛中、杨文辉。2019年由巴蜀书社出版。整套书共分5部8本，体例详备，颇有地方特色，完整记录了民国之前遂宁上千年的历史演变与地方风貌，收录了遂宁历史、地理、风俗、人物、文教、物产等方面的内容，堪称遂宁历史"百科全书"。遂宁自东汉建置以来，历为郡、州、府治所，历代《遂宁县志》有案可查的始于明嘉靖本，至遂宁建市后新修的1992年本，共计7版。明嘉靖本毁于战火。为抢救、整理现存的珍贵文献旧志，遂宁市图书馆、遂宁市博物馆、遂宁市档案馆联合起来，对康熙二十九年本、乾隆十二年本、乾隆五十二年本、光绪五年本、民国十八年本等现存世的5部遂宁旧县志开展了校注、出版、发行工作。对遂宁旧县志的校注汇编，填补了遂宁文史资料库的空白，也是落实习近平总书记要让"陈列在广阔大地上的遗产、书写在古籍里的文字都活起来"要求的行动实践（图5.12）。

《萤火——巴布戏剧集》

作者：陈立。2020年由四川文艺出版社出版。该书收录了遂宁籍戏剧文学家巴布先生（陈立笔名）公开发表和曾经公演的六部大戏，其题材形式涵盖川剧、音乐剧、儿童剧和话剧。书中还收录了部分文艺评论文章。特别值得一提的是获得田汉戏剧奖的《萤火》和获得四川文华奖、巴蜀文艺奖的《苍生在上》两部作品均收录其中。川剧《苍生在上》把一个相隔久远的清代官员作为舞台人物形象生动地展现在观众面前，让人们看到一份穿越三百年的风骨与担当。该剧于 2018 年在四川艺术职业学院首演，获得广大观众好评，后先后在四川各地公演，2019 年获第二届四川艺术节"文华奖"剧目奖、第九届巴蜀文艺奖（图 5.13）。

图 5.11　《涪上胜谭》封面　　　　　图 5.12　《遂宁县志校注》封面

《跟着诗歌游遂宁》

由遂宁市文化广播电视和旅游局主编。2020 年由江苏凤凰文艺出版社出版发行。本书核心部分为六个章节，分别用六个"游"字书法作品衔接。所辑诗歌作品编选自 160 多位诗人抒写的 200 首描写遂宁文旅胜景的诗作。古诗词选自胡传淮先生《遂宁风雅》，新诗主要选自第一、二届"陈子昂诗歌奖""遂宁国际诗歌周"及"诗歌中国·诗意遂宁"主题活动所征集的诗作。本书是一册游走遂宁的"诗意导览图"，以诗情为轴线、画意为底色，凸显"诗意遂宁"的文旅品质和亮点，多角度溯源区域文旅内涵，多层面塑造区域文旅品牌，全力助推区域文旅发展（图 5.14）。

《关于陈子昂：论文、献诗与年谱》

主编：李宝山，胡亮。2021 年由成都时代出版社出版。该书分三卷：卷一为献诗，收录冯至、余光中、洛夫、王家新等 60 位诗人写给陈子昂的献诗 96 首；卷二为论文，收录陈尚君、鲍鹏山、刘朝谦、甘生统等 16 位学者所写的关于陈子昂的论文 16 篇，涵盖陈子昂生平、思想、诗文及影响研究；卷三为年谱，收录李宝山新编的陈子昂年谱 1 份；书末附录陈子昂传记资料 3 篇。李宝山，古典文学、地方史、美术史研究者，发表学术论文 10 余篇。胡亮，诗人、作家、文学评论家，出版有《阐释之雪》《虚掩》等诗评、文论集多部，获颁第 5 届"后天文化艺术奖"、第 2 届"袁可嘉诗歌奖"等多个奖项（图 5.15）。

图 5.13 《萤火——巴布戏剧集》封面　　图 5.14 《跟着诗歌游遂宁》封面　　图 5.15 《关于陈子昂：论文、献诗与年谱》封面

2.3 展陈式推荐图书

展陈式推荐是最为直观的图书推荐方式，读者可直接接触图书，了解图书的基本情况，挑选自己喜爱的书籍。遂宁市图书馆在一楼服务大厅和二楼借阅区专门设置了图书推荐专柜：文津图书奖图书展示柜，将国家图书馆评选出的优秀图书直接展示在专架上供读者挑选（图 5.16）；新书推荐专柜，主要向读者集中推荐展示近期新购入的图书（图 5.17）；青少年专区新书展示专柜，主要推荐展示适合青少年阅读的新书。在服务大厅设置了图书瀑布流，将推荐图书以图片形式直接滚动呈现在读者面前，读者既可直观感受推荐图书的基本信息，在图书瀑布流上点击阅读，还可通过手机扫码实现掌上阅读（图 5.18）。

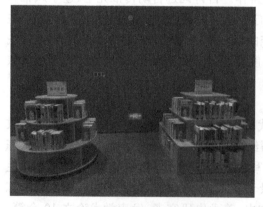 

图 5.16 文津图书奖推荐专柜　　　　图 5.17 新书推荐专柜

图 5.18　图书瀑布流

3　开展文化主题讲座

讲座是图书馆提供的基本文化服务内容,是阅读推广的重要活动的重要载体,是图书馆的重要宣传途径,有利于提升图书馆的社会知名度、影响力,丰富群众文化生活,提高读者对图书馆的利用率[4]。2006 年,原文化部将图书馆公益讲座定为公共图书馆评估定级的指标之一。此后,各级公共图书馆的讲座活动迅速发展起来。四川省各地市州的公共图书馆也纷纷创建品牌讲座,如成都市图书馆的"成图·图书馆之夜",绵阳市图书馆的"名家开讲·涪江讲坛",南充市图书馆的"嘉陵江大讲堂"等。2015 年,遂宁市图书馆把"遂宁大讲堂"列入业务工作核心,定期开展主题讲座。

3.1　突出品牌理念

公共图书馆的讲座具有服务公益性、知识传递广泛性等特点,讲座不仅要办好,还要办出特色、办出品质,要符合行业特色、图书馆实际情况、城市文化特色。四川省图书馆的"巴蜀讲坛"凸显巴山蜀水的地域特色,既具标识和品牌意义,也让读者易懂好记。成都市图书馆的"成图·图书馆之夜"让读者记住了讲座的组织单位,也知道其会组织开展丰富多彩的夜间讲座。绵阳市图书馆的"名家开讲·涪江讲坛"突出了主讲人的定位为"名家",以及讲座的举办地为涪江之畔。遂宁市图书馆开展的讲座也明确打造了文化品牌,在讲座名称中以"遂宁"命名,让本地听众有认同感。2019 年 2 月,遂宁市文化广播电视和旅游局正式挂牌,遂宁市图书馆将"遂宁大讲堂"更名为"遂宁文旅大讲坛",之后一直沿用该名称。在讲座内容上,突出文化内涵和地方特色,宣传遂宁文化和旅游资源,宣传党政方针,推广全民阅读,体现文旅行业特色;在服务理念上,立足"面向群众、倡导阅读、传承文化"。2015年至2023年11月,通过多方合作,开展讲座145期,逐渐形成了具有遂宁文化特色的讲座品牌。

3.2 明确主题定位

讲座主题围绕主旋律、弘扬正能量,主要传播科学知识、宣传地方优秀文化。公共图书馆的服务对象是社会公众,策划讲座时应通过各种方式听取读者对讲座的建议,让讲座内容更贴合听众需求,使讲座成效更加显著。"成图·图书馆之夜"2023年12月的讲座围绕"书山十行"系列文学著作阅读等策划了14场讲座,如"在无数你我的倒影——《塞影记》""《论语》与中国传统思想文化""《红楼梦》人物赏析系列——贾政的修养"等[5]。绵阳"名家开讲·涪江讲坛"以越王楼等标志性文化建筑和重点文博场馆、景点景区为承载地,采取线上线下相结合的方式,邀请相关领域文化名家,立体推荐绵阳的特色文化和旅游资源,打造文旅融合特色品牌讲座[6]。遂宁文旅大讲坛在讲座定位上,重点突出文化、旅游融合,助力现代公共文化服务体系建设和文化产业、旅游产业高质量发展。2022年以来,为让读者更好了解川中传统风情民俗、文旅融合发展现状和趋势,先后开展了《川中民俗遂州宁心》《农文旅融合背景下的中国田园牧歌》《中秋话旅——邂逅醉美赏月地》等主题讲座。

3.3 讲座策划筹备

3.3.1 制订讲座年度计划

每年根据全馆年度工作计划和读者需求,制定年度遂宁文旅大讲坛活动方案,明确当年工作重要节点、讲座重点主题,策划年度重点宣传推广内容、开展场次和活动开展形式,确保讲座有计划、有安排、有统筹、有保障,以期规范有序推进(表5.2)。

遂宁市图书馆202×年度遂宁文旅大讲坛活动方案

为深入贯彻落实党中央、国务院关于倡导全民阅读、建设文化强国的战略部署,大力推进全民阅读,建设书香遂宁,助推我市"养心文旅名城"建设,特制定本活动方案。

一、活动名称

遂宁文旅大讲坛

二、组织机构

略

三、具体要求

1. 讲座场次:全年开展讲座不少于18场,每场讲座人数不少于60人,其中100人以上中、大型讲座不少于8场。

2. 讲座主题:围绕巴蜀文化、涪江文化、宋瓷文化、养心文化等内容确定讲座主题。

3. 讲座方式:以线下讲座为主,同时利用新媒体平台创新开展线上线下同步讲座,创新开展体验式阅读讲座,以增强讲座的吸引力和影响力。

4. 资料留存:讲座全程录音、录像,与讲座相关的方案、音视频资料、课件PPT、宣传报道、现场摄影图片等资料需全部专卷保存。

四、讲座主讲专家、学者应具备的条件

1. 省内外知名,具有丰富的文化、旅游工作经验和丰硕的研究成果;

2. 具有副高级以上职称或相应资质,有较强的理论素养;

3. 积极支持遂宁公益文化事业发展,签订授权书(讲座课件:录音、录像、PPT和形成的文字作品等内容),授权内容作为遂宁市图书馆数字资源供公益使用。

五、工作要求

1. 高度重视,精心组织,确保活动取得实效。研究并制定活动计划,做好讲座筹划。

2. 强化宣传,积极引导,营造良好的舆论氛围。积极利用报纸、广告以及新闻媒体等加强宣传,广泛开展活动宣传和舆论引导,进一步扩大活动的知名度和影响力。

3. 理论指导,学用结合,推进"养心文旅名城"建设。充分结合每次专家讲座的理论知识,深入研究,转换应用,努力推动遂宁文化和旅游事业持续创新发展,助力"养心文旅名城"建设。

表 5.2　2022 年度遂宁文旅大讲坛活动计划表

序号	讲座主题	场次	授课老师要求	讲座形式	备注
1	以养心文化、巴蜀文化、涪江文化、文旅融合为主题	12	具有丰富的文化、旅游工作经验和丰硕的研究成果	线下/线上	
2	以考古、文物、博物馆为主题	8	有副高级以上职称或相应资质,有较强的理论素养	线下/线上	
3	以文学类及其他综合类为主题	10	有副高级以上职称或相应资质,有较强的理论素养	线下/线上	

3.3.2　筹集讲座资源数据

围绕年度重点讲题,收集讲座主题目录和范围,建立讲座内容资源数据库。收集相关领域的专家和学者信息,建立主讲专家资源库,掌握主讲人的基本情况,包括其政治思想、立场观念、专业特长等。调查读者需求和听讲反映,了解社会热点聚焦点,建立讲座需求信息库。主动联系政府机关、企事业单位、学校等团体读者,根据各团体读者的个性化需求,提供定制类讲座。

3.3.3　讲座内容申报审核

一场讲座不仅涉及现场设备设施安全、人员人身安全,还涉及知识产权保护、内容安全等。为了确保讲座内容安全,"遂宁文旅大讲坛"实行讲座内容安全申报审核制。不仅要认真审查主讲人的专业资质,还要预审讲座内容。制定讲座具体实施方案,明确设计讲座主题名称、主要内容、主讲人、主持人、讲座时间地点、讲座听众群体等,填写讲座申报审批表(表5.3),向上级行政主管部门申报,审核通过后再具体执行。

表 5.3 遂宁文旅大讲坛审批表

主题(讲座期号)						
指导单位： 主办单位： 承办单位：						
专家姓名		性别		民族(国籍)		
研究方向		工作单位及职务				
类别	□报告会 □研讨会 □讲座 □其他					
讲座时间		讲座地点		主持人		
本次讲座参加人员范围						
主要内容或基本观点						
主办单位审核意见	主办单位一(盖章) 负责人签字：		主办单位二(盖章) 负责人签字：		年 月 日	
市文化广播电视和旅游局意见	负责人签字：			签章： 年 月 日		
备注	活动方案附后					

3.4 组织讲座落地实施

近几年，遂宁市图书馆积极整合资源，与遂宁市博物馆、遂宁市阅读协会等建立了合作关系，共同开展文旅讲座。在讲座形式上，实现"请进来，走出去"，以图书馆读者为主要受众群，采取走进学校、走进军营、走进企业、走进乡村等多种形式开展有针对性的讲座。

一是公开型讲座，面对普通大众公开开展讲座。确定讲座主题、主讲人、主要受众对象、时间和地点等基本情况后，提前在微信公众号上发布讲座相关信息，说明时间、地点、主讲人和讲座主题。读者通过图书馆公众平台网上报名程序报名参加。报名截止时，工作人员根据报名情况调整人员组织。

二是定制类讲座。根据机关企事业单位等团体文化需求和市内大中小学校学生阅读需求，开展专场讲座。如 2020 年 5 月在遂宁民兵图书馆为民兵读者群体开展"改变从阅读开始"主题讲座，6 月在船山区嘉禾社区居委会为社区居民开展"新冠防疫知多少"主题讲座。

2023年,遂宁文旅大讲坛共开展线上讲座56场,点击量约1.6万人次,线下讲座25场,有4 000余人次参与。

讲座示例一:"中秋话旅——邂逅醉美赏月地"主题讲座

2023年9月27日,遂宁市文旅大讲坛创新文化+旅游形式,将讲座举办地定在遂宁观音湖中的荷悦涪江号游轮上,融入了美景欣赏和古典器乐欣赏。讲座主题为"中秋话旅——邂逅醉美赏月地",主讲人为四川职业技术学院文化旅游学院教授,讲座内容主要围绕遂宁地名文化、中秋饮食习俗,赏析中秋和故乡相关的名诗名句。伴随着悠扬的音乐,船外观音湖美景迷人,舱内美语、美乐共鸣,一起合奏出一幅大美遂宁的画卷。听众在游轮上品味文化大餐,乐享中秋浪漫汇。此次讲座,不仅在内容上突出了文化和旅游融合发展的理念,在形式上也走出室内,将讲座安排在遂宁风景优美的观音湖面,让听众在游玩中品味文化,在文化艺术欣赏中感受大自然风情(图5.19)。

图5.19 讲座"中秋话旅"现场

讲座示例二:"阅读宁心 净化心灵"主题讲座

2022年6月23日,在遂宁市洋渡实验学校举办。此次讲座主要针对该校的中年级学生。洋渡实验学校与我馆长期有"馆校"合作关系,经常一起开展"阅无限向未来"阅读推广活动。此次讲座开展前,我馆专门征求学校老师意见,针对学生心理健康,邀请了四川中医药大学客座教授、国家注册二级心理咨询师、遂宁首届心理协会副会长,为该校120余名师生开展题为"阅读宁心 净化心灵"的讲座。讲座中,主讲老师从心灵净化切入,用一棵树的成长,构筑学生心灵健康成长的流程,引导学生用笔绘出自己的理想树,赋予大树勇敢、阳光、拼搏等精神(图5.20)。

讲座示例三:"川中民俗 遂州宁心"主题讲座

2022年1月22日,在本馆场馆内组织了以川中民俗文化为主题的专题讲座,邀请四川师范大学文学院教授、四川省民俗学会理事黄尚军为主讲人,通过公众微信号在读者群中征集听众。黄尚军教授从"大力培养乡民的家国情怀""中国传统优秀文化的价值与意义""巴蜀濒危文化遗产尤其是乡村优秀传统文化亟待挖掘抢救"三方面为大家解读,分享了在四川各地挖掘民俗文化的亲身感受。虽然当时根据疫情防控要求,讲座严格控制了参与人数,但讲座现场气氛热烈,丰富的民俗文化知识、生动形象的案例,深深吸引了听众(图5.21)。

图 5.20 讲座"阅读宁心 净化心灵"现场

图 5.21 讲座"川中民俗 遂州宁心"现场

4 构建数字阅读推广矩阵

数字阅读推广服务是公共图书馆基于多媒体时代阅读载体多样化、信息来源富有化、运用数字资源和网络媒体开展的阅读推广。

4.1 "两微一端"推广阅读信息

通过提升图书馆网站平台,向读者推送馆藏文献资源,公告活动信息,提升阅读推广传播效益。笔者访问了四川省17个地市级的公共图书馆网站,发现大多数图书馆实现了实时更新,少数在维修检测中。可以看到,各级公共图书馆纷纷开通微信、微博公众号,为读者提供书目检索、入馆预约、图书续借、新书荐读、线上讲座等"掌"上服务。遂宁市图书馆在微信公众号上设置了"红色故事绘——每日荐读""数字悦读汇·图书""数字悦读汇·期刊"等栏目,向读者推荐优秀图书文献。

示例:红色故事绘——每日荐读(2023.12.25—12.31),向读者推荐了连环画《特别纵队》《七进阿佤山》《茅台侦察记》等图书(图5.22)。

连环画《特别纵队》由著名画家巫子强、胡贻孙合作创作,改编自布依族作家弋良俊的同名小说,讲述了人民解放军在黔北地区巧设计谋,与土匪斗智斗勇,最终一举消灭土匪,取得了黔北地区剿匪斗争胜利的故事。巫子强,回族,云南昆明人,著名画家,擅长油画。历任贵州省美术家协会副主席等职。绘制有油画、年画、连环画300余幅,作品曾多次参加国家级、省级画展,并多次获奖。

连环画《伟大的共产主义战士白求恩》由重庆画家李忠翔编绘,主要讲述了加拿大人诺尔曼·白求恩于1937年来到中国,在中国艰苦的抗日战争中忘我地工作,"毫不利己,专门利人",为中国人民的抗日战争事业献出了宝贵的生命的光辉事迹。

4.2 线上组织"掌"中阅读活动

遂宁市图书馆通过建立数字图书馆,储备了丰富的数字资源,让读者通过下载移动APP在线阅读海量电子书。组织线上阅读打卡、数字阅读汇、有奖知识问答等活动,让读者"宅"家参加阅读活动。在"悦读吧,遂宁"中,读者可通过手机阅读图书馆的数字资源,包括图书、期刊、绘本等,观看线上文化展览。"云图有声"主要为读者提供"听"书服务。"网络书香"主要向读者推荐经典古籍,并提供线上阅读服务(图5.23)。

图5.22 遂宁市图书馆线上荐书栏目:红色故事绘——每日荐读

4.3 线上线下结合开展数字阅读推广活动

近年来,遂宁市图书馆以"数字连合＋"云服务阅读推广活动为主题,定制开发云服务小程序,整合线上服务资源,利用中华传统节日,创新推出多元的互动活动,不断拓展数字阅读服务领域,引领全民"云阅读"新风尚。2022年共计推出"云活动"31场,点击量逾20万;"云阅读"188期,点击量110万;"云讲座"58期,点击量约30万;"云展览"33期,点击量20万。2022年,"数字连合＋"云服务推广活动(线上＋线下)参与人数共计超300万人次(图5.23)。

4.3.1 策划中华传统节日数字阅读活动

2022年元旦、春节期间,遂宁市图书馆策划推出了"数字连合＋新春集五福"活动。本次活动采用线上云服务与线下体验活动联动的形式。在线上,读者参与线上阅读、线上朗读获取新春福;在线下,读者通过有声图书馆体验打卡、书法体验、雕版印刷体验活动获取新春福。线上线下五种活动全部完成,读者可换得阅读礼品。新颖的互动推广活动吸引了广大读者尤其是年轻读者的热情参与,活动参与人数达12 584人次。2022年中秋前后,遂宁图书馆联合四川宋瓷博物馆特开展

图5.23 遂宁市图书馆线上展览:自古知兵非好战——中国古代兵书专题展

"数字连合＋中秋赏月'宋瓷'有礼"线上答题活动,发掘传统节日内涵和本地宋瓷文化知识,激发读者熟知经典、了解宋瓷的热情,共计1 269名读者参与互动,点击量达10万余次。

4.3.2 推出"数字连合＋宅家不孤读"专题服务活动

2022年9月30日,遂宁突遭"9·30"疫情。为及时满足读者居家阅读需求,丰富"宅家"生活,遂宁市图书馆推出"数字连合＋宅家不孤读"专题服务活动,快速上线云端阅读服务新题材和新内容,助力遂宁市疫情防控。据统计,"宅家"15天间,云服务端口人数比平时增长了3倍,得到相关部门的高度肯定,收到了很好的社会反响。

4.3.3 拓宽"数字连合＋"数字阅读服务边际

2022年暑假,遂宁市图书馆由"虚"到"实",推出"＋AR互动百科""＋少儿编程"等互动性、体验性强的数字阅读活动,丰富"数字连合＋"云服务推广活动内涵,不断拓展图书馆数字服务边际。2022年,累计推出AR互动百科6期,线下参与人数达300人次;少儿编程8期,参与学生人数达350人。

5 强化阅读推广基础服务的几点思考

遂宁市地处四川盆地中部地区,地区经济尚属于发展中。与东部地区公共图书馆和大中型图书馆相比,遂宁市图书馆文献资源不够丰富,人力资源较为薄弱,目前大多数阅读推广活动偏于传统模式。活动策划队伍专业性不强也是影响阅读推广活动效益提升的重要原因。在推进阅读推广服务的实践中,笔者认为加强基础建设、完善服务网络、加强宣传营销应是公共图书馆的基础工作。

5.1 加强基础建设,提升阅读推广服务成效

应不断强化服务空间、服务内容、服务载体等基础建设,提升阅读推广活动品质。实现阅读载体多样化、阅读需求个性化全面化、阅读推广特色化品牌化建设,增加阅读魅力,提高公众的阅读兴趣和参与率。甘肃省图书馆的王琳认为,公共图书馆的阅读推广要重视用户的感知与体验,通过创意策划、技术运用、情感共鸣等方式,提升用户的服务感知[7]。笔者认为,公共图书馆应加强文化资源建设,完善配套技术与服务,推进图书馆智能服务建设,为读者开辟不受时空、地域限制的阅读服务获取渠道,满足不同群众的阅读需求,增强阅读推广成效。

5.2 完善服务网络,拓展阅读推广服务范围

充分利用基层文化中心阵地开展阅读推广活动,把文化传播延伸得更为广阔。注意整合各类阅读空间,通过参与社区文化室、农家书屋、乡镇综合文化站等建设,把阅读推广活动拓展至社区、乡村。太原市图书馆的夏亮认为,"公共图书馆需要深入社会合作,将地域文化与旅游资源整合互融,与文化场馆、旅游景区、阅读推广志愿者团队等进行合作"[8]。笔者认为,要整合利用各部门各类信息资源、人力物力资源,联动打造更丰富的优秀文化传播体系。公共图书馆还可以实施"订单式"阅读推广服务,根据读者需求开展个性化定制式阅读推广活动,特别是面向团体服务对象,"订单式"个性化服务往往会效率倍增。

5.3 加强宣传营销,扩大阅读推广服务影响

"小活动大宣传"不仅能扩大图书馆的影响,更能扩大阅读的影响力。安徽大学管理学院的严贝妮认为,"图书馆要主动发掘并运用微信、微博、豆瓣、知乎等网络平台宣传阅读推广活动信息并进行更新"[9]。笔者认为,阅读推广活动宣传,一是利用本馆、主管部门及相关单位网站、两微公众号、视频号推送服务,通过建立读者交流群,为读者提供服务感受反馈渠道,获得服务效果反馈信息,让更多人知道图书馆"有"活动。遂宁市图书馆为读者建有信息交流QQ群,但因近年来QQ交流利用率降低,信息反馈不够及时,还需进一步加强交流渠道建设。二是采取互动体验、奖励激励机制等方式,吸引公众参与,让阅读推广活动"活"起来。三是通过各类媒体宣传,把图书馆的形象生动鲜明地展示给群众,让更多人知道图书馆活动"优",使影响广起来。

参考文献

[1] 成都市图书馆.本馆概览[EB/OL].[2024-04-09].https://www.cdclib.org/library/info.html.

[2] 杨文辉.悦读攻略：遂宁"书海观澜"的实践与探索[M].成都：四川师范大学电子出版社,2019.

[3] 邓咏秋.推荐书目的类型与编制[M]//邱冠华,金德政.图书馆阅读推广基础工作.北京：朝华出版社,2015：49-68.

[4] 拱佳蔚.图书馆讲坛的设计[M]//邱冠华,金德政.图书馆阅读推广基础工作.北京：朝华出版社,2015：97-116.

[5] 成都市图书馆.今年最后一个月到啦,快来图书馆参加一场活动吧！[EB/OL].(2023-11-29)[2024-04-09].https://mp.weixin.qq.com/s/OTdRB4v-HJ7uK97ZW8NO7g.

[6] 绵阳市图书馆."名家开讲·涪江讲坛"公益讲座简介[EB/OL].(2024-01-21)[2024-04-09].https://mp.weixin.qq.com/s/Eo2kOwfYoaECioLVpns_ig.

[7] 王琳.公共图书馆阅读推广：从丰富内容到提升用户感知：基于央视《朗读者》节目的分析与启示[J].图书馆工作与研究,2018(9)：100-104.

[8] 夏亮.文旅融合背景下的公共图书馆阅读推广[J].四川图书馆学报,2021(6)：60-63.

[9] 严贝妮,李楠楠.安徽省公共图书馆阅读推广模式研究：基于地市级公共图书馆的调查与分析[J].宿州学院学报,2019,34(12)：9-14.

第 6 章
提升阅读推广服务品质

地市级公共图书馆阅读推广探索与实践
——以遂宁市图书馆为例

阅读推广活动是图书馆在新时代开展阅读推广服务的重要形式，丰富多彩的阅读推广活动如节庆活动、诵读表演、沉浸式体验等，可以更加生动地将阅读内容、阅读方式、阅读乐趣、阅读成效呈现给受众，增加人们的阅读意愿，提升人们的阅读能力，促进图书馆阅读推广向纵深发展。近几年，越来越多的公共图书馆积极将"品牌"意识融入阅读推广活动实践中，在开展常规性阅读推广活动的基础上，开展了许多主题鲜明的阅读推广活动，形成了一批各具特色的阅读推广品牌。阅读推广活动品牌化建设提升了阅读推广活动的品质，增强了图书馆服务的吸引力、影响力和文化传承力。

1 公共图书馆阅读推广活动品牌化的价值体现

1.1 品牌化阅读推广活动更具聚合力

构建一个阅读推广品牌，图书馆需对服务环境、社会需求进行综合分析，聚集更多人力物力和更加优质的阅读资源，针对目标对象策划阅读推广活动。南京大学信息管理学院王丹等人认为，"图书馆阅读推广服务品牌化是图书馆深化读者服务、创新阅读推广形式的重要措施，能够在图书馆服务和目标读者群之间起到纽带的作用"[1]。当一个阅读推广活动形成品牌时，代表它已经具备一定的品质和活力，能为读者带来高于其他服务的阅读体验，能够增强图书馆对读者的吸引力。

1.2 品牌化阅读推广活动更具影响力

品牌意味着人们对某一产品或服务的认知度较高，阅读推广活动的品牌化使图书馆服务的文化价值得到更大彰显，承载着受众更高的评价与认可，让广大读者对图书馆积淀下来的文献资源和优秀传统文化有更加深刻的认识，品牌阅读推广活动的标志性特征使图书馆的影响力更大更广。

1.3 阅读推广品牌建设是图书馆创新阅读推广形式的重要措施

随着阅读内容海量化、阅读载体多样化、人们阅读习惯快捷化、阅读需求个性化和复合化，人们对阅读服务的品质要求提高，阅读推广活动特色化、品牌化建设可以深度增加阅读的魅力，提高公众的阅读兴趣和参与率。佛山市图书馆黄百川认为：每一个成功品牌的推出，都是一次创新的过程。品牌化建设已经成为图书馆阅读推广工作发展的重要趋势，越来越多的图书馆开始专注于打造富有本馆特色的阅读推广品牌[2]。

2 四川省公共图书馆开展品牌阅读推广活动的实践推进

2.1 基本情况

2006年，四川省发起"农民读书节（月）"活动，启动全省全民阅读活动。2015年，出台《"书香天府"全民阅读活动总体方案》，开展以"书香天府"为品牌的全民阅读系列活动。

近几年,积极培育书香家庭、书香社区、书香校园、书香企业、书香机关等,建设覆盖较为广泛的阅读服务网络,全省209个公共图书馆开展了丰富多彩的阅读推广活动。2021年以来,四川省文化和旅游厅以"文旅惠民·优质服务"为主题,组织开展全省文旅公共服务高质量发展优秀品牌、优秀案例、优秀团队、优秀站点"四个一批"推荐活动,多个全民阅读品牌、案例、团队和阅读空间入选四川省文旅公共服务高质量发展"四个一批"项目。2022年,四川省图书馆、四川省图书馆学会组织开展了四川省全民阅读"三个一百"示范工程遴选推荐工作,评选出"阿来书屋"等29个全民阅读特色阅读空间(图书馆)、"木铎金声·典亮达城"经典读书会等28个优秀案例、"东坡小书童·读城"等8个研学示范项目。2023年4月26日,首届"书香天府·全民阅读"大会在成都市天府艺术公园开幕,大会以"深化全民阅读　建设书香天府"为主题,现场发布《四川省2022年全民阅读状况调查报告》、"四川书香之家"、"书香天府金牌推广人"、四川省全民阅读"三个一百"示范工程推荐名单。全民阅读状况调查报告从多个方面呈现了四川省人民群众阅读生活的良好指标,"四个一批""三个一百"的评选活动既呈现了各级各部门推广全民阅读的品牌效应,也进一步激发了各级公共图书馆推进阅读推广活动品牌化的能动性。

2.2　实践案例

2.2.1　川图·微图书馆——资源输送线性拓展全民阅读服务

2016年,四川省图书馆启动"川图·微图书馆"公益项目,为民族地区、革命老区、边远山区的农村小学设立微小型图书馆,增加农村公共文化服务总量供给,实现图书馆服务均等化。四川省图书馆争取到公益事业单位、社会慈善组织、权威媒体等多方力量参与各类书籍捐赠和经费统筹,保障项目资金和书籍来源。该项目先后在丹巴县杨柳坪双语寄宿制学校等42所山区学校授牌建立"川图·微图书馆",赠送图书5万多册,捐赠公共文化云一体机等辅助设备价值近百万元,年均开展文化活动20余次,受惠师生达2万余人[3]。2022年获评四川省文旅公共服务高质量发展"四个一批"项目优秀品牌。

2.2.2　青少年DIY创意图书制作——馆校合作服务个性化阅读内涵需求

自贡市图书馆走进学校举办青少年DIY创意图书制作活动,指导学生围绕主题,亲手书写文字、绘制图画并配以创意装饰装订成册,制作个性化图书,在动脑动手中享阅读之趣,品创造之乐。自2014年至2022年已举办9届活动,吸引了4 000余名中小学师生和市民积极参与,被评为四川省文旅公共服务高质量发展"四个一批"优秀品牌[4]。

2.2.3　"阅读存银行·书香传万家"——丰富载体激发读者阅读兴趣

资阳市图书馆于2016年设计制作了便携式阅读笔记——《阅读存折》,并开设市民"阅读银行",以此为依托举办读书达人争夺赛、寻找精神大富翁、"蜀人原乡·书香资阳"等读书活动吸引读者参与阅读。《阅读存折》使用具有怀旧风格的"老存折"样式作为封面,分为"开户宣言""护眼知识""阅读目录""摘抄内页"和"使用说明"五个部分,由申领者对每天阅读的时间进行承诺,签署姓名和开户日期,并根据阅读和摘抄情况兑换奖品。它通过丰富的活动激发青少年阅读兴趣,通过"存折"的时间延续性培养青少年良好的阅读习惯,促进了全民阅读活动的品牌发展[5]。

2.2.4 阿来城市书屋——文旅融合拓展新型阅读推广空间

"阿来城市书房"是阿坝州图书馆的分馆,分为书香茶歇时光区、童心梦想创意区两大主题空间,在马尔康地区提供了全程自助借阅服务,实现了"通借通还"。它融体验咖啡、茶饮、当地文创产品、精品民族服饰为一体,是阿坝州文化体育和旅游局打造的文旅新IP。为了让城市充满书香,2020年阿坝州文化体育和旅游局围绕文旅公共服务机构功能融合和图书馆总分馆建设,在九寨沟、黄龙、四姑娘山等A级旅游景区率先启动"阿来书屋"建设。2023年,在马尔康步行街打造第1家阿来城市书房[6]。2021年,阿坝州图书馆"阿来书屋"被四川省文化和旅游厅公布为全省文旅公共服务高质量发展"四个一批"优秀品牌。2023年,阿来城市书房被评选为四川省全民阅读"三个一百"示范工程特色阅读空间。

3 遂宁市图书馆推进阅读推广活动品牌化的积极探索

在中省图书馆学会指导下,遂宁市图书馆认真学习其他公共图书馆的先进经验,积极探索适合本馆实际、满足本地读者需求的阅读推广活动品牌建设,努力打造书香社会。近年来,遂宁市图书馆培育了多个阅读推广品牌,多项活动获省市表扬。遂宁市2021年、2022年连续两年被公众评为"我心目中的书香城市"。

3.1 在特定时间线开展阅读推广活动

在特定的时间线开展阅读推广活动。可以根据不同时间点,人们的阅读关注点、生活习惯、民间风情民俗开展相应的阅读推广活动,激发人们的阅读兴趣。遂宁市图书馆在元旦期间举办"宋词雅韵·畅享悦读"沉浸式阅读体验活动,在春节期间举办"悠悠千年古书香"雕版印刷体验,在中秋元宵举办猜灯谜等系列活动,让读者在节庆氛围中感受阅读乐趣。

3.1.1 "宋词雅韵·悦享遂宁"沉浸式阅读体验活动

"宋词雅韵·悦享遂宁"阅读体验活动是遂宁市图书馆2022年元旦节推出的迎新春沉浸式体验活动。活动利用图书馆内外空间,巧妙地将中国传统文化与现代艺术、遂宁文化元素结合,以琴、棋、书、画为线,串联经典吟诵、雅韵长廊、汉服体验、秉烛夜读、文创集市等内容,打造主客共享的宋代夜读场景,供游客(读者)参观体验(图6.1)。

活动思路:古琴蕴雅气,古琴文化作为国乐之精粹,与图书馆文化背景相融合,给人以古韵悠扬之感;古词育华章,着重推出与四川结缘的苏轼、陆游、王灼、文同等名人诗词,设置汉宋经典诗词吟诵表演、宋词接龙有奖,让读者和游客通过经典宋词填空接龙来赢取属于自己的新春礼物;阅读助亲情,以讲故事为主,组织新年民俗、历史文化等亲子阅读活动;笔墨展宋韵,邀请市内书法家挥墨展示传统文化经典。本次活动从实景视角出发,让参与者沉浸式体验宋代人的精神文化生活。

活动内容:活动时间主要安排在图书馆借阅服务闭馆之后,活动分6个大板块11个小项 8 个场次进行。一是精心布置古雅环境,营造宋代书香氛围,体验者着汉服秒回宋代,体验感受宋代文化生活。二是开展体验式阅读活动,通过文创集市、宋词接龙、非遗产品(剪纸、茶艺、烘笼等)展示、书法体验、吟唱体验、古韵太极等活动,增强游客(读者)对传统文化的了解和记忆。三是加强川渝区域合作,联合潼南区图书馆联合开展川渝文创产品展示展销,在图书馆场馆外围设置了 10 余个展示台,展示了来自成都、遂宁、潼南等地的青瓷、糖画、竹编、剪纸、茶艺等具有地方非遗特色的手工制品,供市民和游客购买、欣赏。

(1) 经典吟诵。联合船山区传统文化志愿者协会,组织少儿读者穿上汉服,在老师带领下,一起吟诵唐诗宋词。少儿读者在诵读表演中学习诗词,在学习中感受中国优秀诗词文化的独特魅力(图 6.2)。

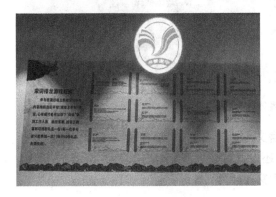 

图 6.1 "宋词雅韵"活动介绍　　　　图 6.2 "书":读者体验阅读乐

(2) 诗词接龙。着重推出苏轼、陆游等宋代名人诗词,制作成诗词条,读者根据词条上的提示,接出上、下句,领取小礼品。读者可以用自己掌握的知识答题,也可以在馆内藏书中查找答案。"开卷"式"考试"更多是为了吸引读者去"书"中寻"宝"(图 6.3)。

图 6.3 "诗词接龙"活动现场

（3）棋艺争霸。在市图书馆服务大厅内设置桌椅，邀请读者现场参与对弈，体验宋人夜读、品茗、弈棋乐趣（图6.4）。

图6.4 "棋"：读者体验弈棋乐趣

（4）文化展示。以遂宁市图书馆馆藏古籍文献为支撑，制作古籍里的遂宁县域图片展，将馆藏优质古籍资源直观地呈现给读者。还设置古筝展演、书法体验、太极演示，充分展示汉、宋文化繁荣盛景，吸引读者在"书"韵中穿越千年（图6.5，图6.6）。

图6.5 "画"：读者体验书法和绘画艺术

图 6.6 "琴":读者体验古筝弹奏

(5) 诵读比赛。读者在馆内朗读亭朗诵古诗词,录制成作品上传活动平台参与比赛,根据作品排名给予一定奖励。

(6) 文创集市。为了助力文化、旅游融合发展和区域合作发展,积极探索文创产品开发,在场馆门前植入体现遂宁、潼南地区民俗元素和新年氛围的场景,举办文创集市、非遗产品(如剪纸、烘笼)展示,遂宁、重庆市潼南区有部分文创企业参加,营造了热闹喜庆又文雅的节庆氛围(图 6.7)。

图 6.7 "融":遂潼文创集市

活动成效:一是宣传推广了图书馆的阅读服务。此次活动举办时遂宁市图书馆迁入新馆仅三个月,因离城区商务中心有一定距离,许多读者对图书馆新馆情况还不熟悉。此次活动现场向读者展示了图书馆丰富的馆藏资源和良好的基础设施,吸引了更多人走进图书馆。现场活动吸引少儿读者主动参与古诗词阅读,向群众展示遂潼特色文创产品100 余件,将宋代文化体验的传统内容纳入现代化模式,参与群众累计约 3 000 人次。现场朗读亭与线上诵读平台同步开展诵读比赛,累计参与提交的诵读作品有 1 008 个,投票总量达 323 479 次。川观新闻、遂宁文旅等多家新闻媒体进行了报道。

二是在阅读推广活动举办主体上体现"合"力。"宋词雅韵·悦享遂宁"新春阅读体验活动上下联动,凝聚了跨区域力量参与。配合打造"遂宁邀您来过年"文旅营销品牌,在遂宁市委宣传部指导下,市文化广电旅游局主办,遂宁市图书馆和重庆市潼南区图书馆承办,联系到川源古旧书店、四川来者文化旅游投资有限公司、遂宁市洋渡实验学校、遂宁市女子书法协会等6家单位参与,共同营造了新年期间阅读的氛围。

三是在活动内容上体现文旅"合"韵。作为公益性文化服务单位,公共图书馆如何助力文化和旅游融合发展,如何服务文创产品开发利用?遂宁市图书馆想到的是为文创产品搭建展示平台,将文创与阅读推广服务融合起来。此次活动,规划活动区域布景营造了宋代雅集场景,融合书、画、展、演等多元素,加入沉浸式阅读氛围。搭建木制展台,展示遂潼两地部分文创产品,展示遂潼地区文化魅力,游客既可购买文创产品,也可现场学习制作手工团扇、竹制灯笼。

四是在活动方式上体现文化"惠"民。营造新春年节氛围,举办了群众喜爱的文创集市、灯谜活动、非遗产品展、古籍书画展、书法体验,以及现场写春联送"福"字、猜宋词赢礼品等惠民活动,获得了较高的社会评价。

3.1.2 新春阅读推广活动

春节是人们阖家团圆、休闲娱乐的时候,遂宁市图书馆根据人们的生活习惯和民俗,在春节期间开展休闲阅读活动,向人们传播民俗文化和历史文化知识。2022年,开展"书香盈岁月·阅读伴新春"新春阅读推广系列活动;2023年,开展"卯兔迎新春·宁享文化年"新春阅读推广活动。

(1)展示古籍中的家乡风景——"遂宁十二景"图片展。遂宁历版县志中均有对遂宁风景名胜的记录,最为有名的是遂宁十二景,别称遂州十二景,是遂宁境内比较有名的12处景点,这些景点有的是有秀美的自然风光,有的是有与本土历史人文故事、民间传说相关的遗迹,多留有历代文人诗咏。根据《遂宁县志(光绪五年版)》,遂宁十二景分别为:玉堂朝霁、旃山钟秀、灵泉圣境、鹤鸣夜月、云灵仙迹、书台应瑞、梵云春晓、洪福回澜、石磴琴声、长乐晓钟、仙井晴霞、涪江晚渡。随着时间流逝,世事变迁,遂宁十二景已成"沧海桑田",难觅踪迹。为了挖掘遂宁历史文化、旅游资源,2023年新春活动期间,根据馆藏古籍《遂宁县志》中查找到的对遂宁十二景的文字描述和留存的图片,邀请画家绘制出遂宁十二景,制作成展板,向读者展示"古籍中的遂宁",展现历史上遂宁的风景,勾起人们对家乡历史的追忆和探寻(图6.8)。

(2)古籍活化利用——雕版印刷体验活动。2022—2024年春节期间,遂宁市图书馆开展了"悠悠千年古书香"雕版印刷体验活动。分为图画和传统文化两个系列雕版,其中图画元素来自经典夹江年画(虎虎生威、玉兔呈祥),寓意吉祥,喜庆欢乐;传统文化系列包含"福""船山先生画像""陈子昂古诗"等,内容来自馆藏图书,历史底蕴厚重,地方特色突出。在活动现场,修复师和志愿者为读者现场演示雕版印刷技艺,与读者一起刷年画、品年俗、寻年味。通过现场演示、读者参与,古代雕版印刷技术、地方历史文化元素、地方特色年画相结合,读者互动体验活动与优秀传统文化推广相结合,让人们在优秀传统文化中获得启迪,体味传统文化之妙趣(图6.9)。

(3)年俗文化展览活动。通过线下展板和大型显示屏、线上网站专栏和微信公众号推送等方式,让读者了解春节传统习俗的相关知识,让读者更多地领略中国传统文化的内涵,在与传统民俗的接触中感受年文化,在书籍中寻找年味(图6.10)。

第6章 提升阅读推广服务品质

图 6.8 古籍中的"遂宁十二景"图片展

图 6.9 读者排队体验雕版印刷活动

图 6.10　新春典籍文化展示

（4）"闹元宵猜灯谜"活动。收集中国传统元宵灯谜，制成题库，在云阅读平台上开设答题活动栏目，组织读者参与线上答题并抽取小礼品。在场馆内设置猜谜墙和数字灯谜瀑布流，读者现场猜灯谜赢奖品（图6.11）。

图 6.11　"闹元宵猜灯谜"活动

（5）遂潼文创及手工艺品征集评选活动。遂宁市图书馆联合重庆市潼南区图书馆开展民间手工艺品征集评选工作，以"寻巴蜀文韵　融川渝文旅"为主题，面向遂潼两地文创开发者、手工艺爱好者征集各类文创作品、民间手工艺品。活动从 2023 年 1 月开始至 3 月底结束，共计收到两地申报作品 100 余件，包括剪纸、刺绣、布艺编织、折纸、泥塑、木雕等，最后评选出 80 件优秀作品。其中，读者用废旧报纸制作的"红船长征系列""传承中医药文化"等体现出积极传播优秀传统文化之心及保护环境的匠心独运，将阅读与文创精心地融合在一起（图 6.12）。

图 6.12 参赛读者用废旧报纸制作的文创作品

3.1.3 中秋国庆阅读推广活动

中秋节和国庆节时间点很近,经常是结合在一起放"长假",这一期间,因休闲时间更多,走进图书馆的读者也更多。而且,中秋节人们的传统习俗是夜间庆"节"。根据这一特点,遂宁市图书馆主要筹划"夜读"活动,活动地点主要选择在场馆外围。这样,既可以保证不影响喜欢安静阅读的读者的需求,也通过形式多样的活动把更多的市民吸引到图书馆来。

(1) "月遂人愿 中秋有'宁'"阅读推广活动

2022 年中秋节期间,在遂宁市文化广电旅游局的指导下,市图书馆与市文化馆、市博物馆等一起在遂宁市文化中心举办了中秋文化活动。

活动形式:文、博、图三馆联动举办,利用三馆之间的下沉式花园小广场,精心布置场景,营造全景式中秋氛围,通过动静结合的体验式文化活动,展示遂宁地方传统文化的魅力,市民游客共赏明月、共品月饼、共度佳节,提升公共文化场馆吸引力。

活动内容:设置赏月品茗、吟诗猜谜、花灯制作等打卡点位,布设古筝、琵琶等传统乐器演出点位,邀请非遗商家现场展示、售卖本地特色美食、文创,市民着汉服参与体验、品鉴欣赏。遂宁市图书馆围绕赏"月"与吟"诗"的密切关系,着重推出与"诗词"相关的阅读活动,引导读者在书中寻找诗意,在诗中寻找快乐,在月下与"古"人对话,在灯下猜想谜底。

一是颂月连诗猜谜。中秋节以月圆兆人之团圆,民间风俗多以赏月、颂月活动为主,祈盼丰收、幸福。活动收集历代关于月亮和中秋节的诗词 300 余首,参与者通过连诗(填空)作答的形式,重温经典,学习经典(图 6.13)。

二是经典诗词赏读图片展。设置中秋特辑展览,根据国家图书馆提供的"经典,予生活以诗意"资源库,精心挑选中华典籍中的经典诗词、美德格言等,配以作品赏析、音频推送、意境国画，制作展板展示，读者看四季风光，品诗意人生，领略诗词里人们劳作、读书、游历、交友、居家、宴饮、赏玩等日常生活（图6.14）。

三是"文武双全"少儿沉浸式体验活动。

在市图书馆网站开启预约报名，每场约10名少儿读者参与。参与活动的少儿读者着汉服，扮演自己喜爱的著名古诗作者，分享"我最喜爱的古诗词"，讲述或演绎个人与诗词的故事，沉浸式体验古诗词魅力（图6.15）。

活动成效：此次活动，有体验参与，有表演观赏，市民、游客着汉服参与体验，品鉴欣赏，吸引了大量市民，每天参与人次逾3 000人次。扩大了图书馆等文化场馆的知名度，提升了市民的阅读兴趣。

图6.13　猜谜联诗活动

图6.14　诗词文化展

图6.15　少儿"文武双全"阅读体验活动

（2）"雅集国庆　读书赏'阅'"国庆中秋阅读推广活动

此次活动是在2023年中秋、国庆期间举办的阅读推广体验活动，分为通关打卡、阅读体验两个板块，主要面对7～14岁的少儿读者。

活动形式：以休闲体验阅读活动为主。通关打卡活动是在馆内特定区域，布置宋代雅集场景，设置关卡，参与读者凭借网上预约取得的"通关文牒"来参与打卡。一共五个打卡点，每一个打卡点都有NPC守关，每天前80个在线上、线下预约成功的读者，可参与关卡通关挑战。阅读体验活动主要为读者参与现场体验式阅读活动（图6.16）。

活动内容：一是通关打卡活动。设置了"蜀""风""流""人""物"五个关卡。五个关卡全部完成，参与者即可凭通关卡领取相应礼品。"蜀"字卡：蜀风雅韵，要求参与读者着汉服，在图书馆内，或在设置的背景墙前拍照，挑选一张拍摄的汉服照片发朋友圈，并邀请亲朋好友点赞，向守关者讲出挑选理由，守关人盖章通行，此关目的是通过读者向市民或潜在读者宣传展示图书馆的服务和风采。"风"字卡：参与者利用守关人给的游戏道具，在规则内完成游戏任务，守关人盖章通行，此关是为了增强参与者的休闲乐趣。"流"字卡：由守关者围绕四川风景名胜提问，闯关者回答正确即为闯关成功，此关目的是体现文旅融合。"人"字卡：参与者完成飞花令诗词接龙、关于遂宁的历史名人故事等相关问题，连续答对三题者即挑战成功，此关是为了激发参与者的阅读兴趣。"物"字卡：参与者利用守关者提供的材料，手工制作书签，在有效时间内完成的即挑战成功。

二是阅读体验活动。包括为祖国庆生涂鸦体验、雕版印刷体验、经典诵读体验、手工制作灯笼体验、数字书法体验、文创集市体验等活动。少儿读者到现场参加涂鸦、手工制作等体验活动，可以将自己亲自刷印的字画、制作的小灯笼带走（图 6.17）。

图 6.16　经典诵读活动现场

图 6.17　涂鸦活动现场

活动成效：此次活动在 2023 年中秋国庆双节的前两天举办，丰富了群众的日常精神文化生活，增强了少儿读者的阅读兴趣。活动设置有打卡挑战，有体验参与，让参与的小朋友动手动脑，让枯燥的阅读活动变得丰富多彩。本次活动有换装沉浸式体验并赠送一份中秋礼物，读者参与度极高。不足之处是准备时间较为仓促，策划得不够突出特色，氛围布置上未能体现出更加浓郁的节日氛围，阅读活动不够丰富。

3.2　针对特定对象开展阅读推广活动

不同年龄段读者的阅读兴趣、阅读内容、阅读方式不同，遂宁市图书馆根据各年龄段读者的阅读特点设置相应的阅读体验活动，竭力通过多种形式提升阅读推广成效。

3.2.1　创意阅读营——"阅"伴成长少儿阅读推广活动

低幼儿时期正是兴趣广泛、好奇心特强的时期，面对低幼儿，阅读推广重点应放在培养阅读兴趣和意愿上。范并思认为："人的低幼阶段形成的阅读能力，对于人的一生的学习和阅读习惯与能力影响极大。儿童通过阅读教育或阅读服务掌握阅读,科学、专业的阅读教学与培训能够帮助儿童掌握终身阅读的能力。"[7]为将幼儿吸引到阅读中来,让他们养成爱阅读的好习惯,遂宁市图书馆于2017年创建"创意阅读营"活动品牌,常年面向少儿读者组织开展阅读活动,丰富少年儿童的课余文化生活,激发少儿的阅读兴趣。

服务对象:主要是幼儿及小学低年级学生。

组织方式:以市图书馆为主导,联合学校、社会各方开展行走的课堂、逐梦成长、绘本乐园等研学类少儿阅读推广活动。一是通过网上预约方式,邀请少儿读者到馆参加相关活动,如"创意阅读营——'阅'享一夏"活动;二是现场组织在馆少儿读者参加阅读活动,如每周末下午的"绘本故事会";三是馆校合作,或由合作幼儿园、小学校,组织学生到馆参加主题阅读活动,或由图书馆馆员带着活动走进幼儿园、小学校,为学生开展阅读体验活动(图6.18),如"红色绘本进校园"活动(图6.19)。2023年遂宁市图书馆通过多种形式开展阅读体验活动等66场。

图6.18 "馆校同行 阅享未来"科普阅读服务走进吉东小学、安居西眉小学等乡村小学校,通过分享科普主题文献、科普实验展示、科普沉浸式体验、科普读物阅读等四个环节激发学生阅读兴趣

图6.19 "红色绘本进校园"先后走进城区顺城街幼儿园等学校,小朋友通过扮演绘本中的角色,听馆员讲读革命故事,在老师带领下颂唱红色儿歌等形式,在活动中感受阅读的快乐,知晓革命先辈们的英雄事迹

活动开展：推崇"读万卷书，行万里路"的实践与理论互补的阅读方式，开展互动体验式阅读活动。

(1) 馆校合作开展阅读推广

开展了以"红色绘本进校园""剧享阅读·畅玩春天""图书绘本交换""绘本讲读"等为主题的系列活动，先后带着活动走进顺城街幼儿园、瑰宝明珠幼儿园等学校，也邀请了洋渡实验小学、滨江路幼儿园的学生走进图书馆，共同开展阅读活动。"行走中的课堂"丰富了学生的课外阅读体验，系列主题活动使1 000余名小朋友从中受益。

"阅无限·向未来"——AR百科趣学体验少儿阅读活动：2024年1月，市图书馆与船山区滨江路幼儿园联合在馆内学术报告厅开展"阅无限·向未来"馆校合作——AR百科趣学活动2场，滨江路幼儿园师生及家长100余人参加。活动现场，市图书馆用丰富有趣的绘本吸引孩子，宝贝们徜徉在绘本的海洋里，与家人一起翻阅绘本，感受阅读乐趣，开启阅读之旅。AR互动百科环节为小朋友分享了海洋百科知识和恐龙百科知识，主持老师带着小朋友们一起认识海星、海马、珊瑚、水母等海洋生物，走进三角龙、暴龙、霸王龙等恐龙世界，老师还指导小朋友们拼贴出恐龙、海洋生物等精美贴画和摆件，让阅读变得更加有趣、更加立体。

(2) 开展亲子阅读推广活动

幼儿读者在家长陪同下报名参与。一是常态化举办少儿绘本阅读活动。每周末下午，在少儿服务区组织开展绘本故事会，由少儿阅览室工作人员为在场少儿读者讲述绘本故事，根据绘本故事内容制作手工，培养少儿读者动眼看、动脑想、动手做的能力（图6.20，图6.21）。

图6.20 亲子阅读

图6.21 手工制作

二是开展节假日少儿阅读体验活动。在寒暑假和"六一"儿童节期间，集中组织开展主题沉浸阅读体验活动，让阅读更立体深入，将红色文化知识、爱国爱党情怀播种于小朋友心中。2023年暑假期间，开展了"创意阅读营——'阅'享一夏"活动，以声情并茂的绘本讲解加上童趣十足的插画，培养孩子的理解力和观察力，多角度培养孩子的阅读兴趣，丰富孩子的暑期生活（图6.22）。

图 6.22　2023 年暑期的少儿阅读活动

（3）丰富线上少儿阅读活动

推出"创意阅读营——书润心灵·阅伴成长"线上绘本乐园，馆员从馆藏中选取合适的绘本，录制成音频，通过图书馆微信公众号发布，将线下的绘本讲读搬到线上，让小朋友在家也能听绘本。在微信公众号上开设了"数字悦读汇报·绘本"栏目线上，向幼儿读者推荐图书。

3.2.2 "书香遂潼"阅读手抄报评选活动

小学生阶段的读者已经养成一定的阅读习惯，愿意展示自己的阅读收获，阅读推广活动侧重于引导他们将阅读与才艺展示结合起来，以提升阅读兴趣，引导他们的阅读方向。遂宁市图书馆在遂宁、潼南两地小学生中开展世界读书日全民阅读手抄报活动，2022—2024 年已举办三届。

服务对象：遂宁、重庆市潼南区两地中小学生，以小学生为主。

活动方式：川渝跨区域馆际合作，联合举办，广泛征集，活动成果活化利用。由遂宁市图书馆、潼南区图书馆通过微信公众号公开发出征集公告，向部分中小学校特约征稿，征集中小学生亲手绘制的阅读手抄报，组织评审组评选优秀征集作品并颁发证书。为征集到的优秀作品开展线下专题展览，进行数字化保存、利用，并在线上分期展示。

开展情况：2022 年，首届阅读手抄报活动收到 60 余所学校选送的学生作品 600 余幅，评审组评选出优秀作品 217 幅，分批次在遂宁市图书馆、部分中小学校展出，引起了社会上的强烈反响。2023 年，第二届阅读手抄报活动收到遂宁、潼南两地学校选送的作品 1 500 余幅，分别在遂宁市、潼南区巡展。这些阅读手抄报作品有从优秀名著中摘抄名言警句、有读后感悟、有创作的诗词散文,均配上亲手绘制的优美图画……一幅幅手抄报通过富有想象力、创造力的少年儿童的眼,向人们展现出阅读之美、阅读之乐,体现出"成渝地·巴蜀情"和两地公共图书馆协同推进发展的勤力践行。

活动成效:该活动引导、培养了青少年的阅读兴趣,提升其文献阅读能力、知识积累能力、动脑动手能力。举办三届以来,广大学生及家长踊跃参与,2023年参与者比2022年增加了1.5倍,获奖作品分别在遂宁市图书馆、潼南区图书馆线上线下展示,吸引了众多参观者达12万余人次。

3.2.3 "悦读遂宁·文学之星"读书征文活动

对于已初步形成自己的阅读兴趣和偏好的中学生读者,可以侧重引导其阅读方向,提高其阅读能力,提升其阅读品质,开展不同类别的阅读推广活动。针对中学生读者,2023年遂宁市图书馆举办了"悦读遂宁·文学之星"主题征文活动。

服务对象:全市中小学生,以初、高中学生为主。

活动方式:在举办主体上,采取与市作协联合的方式,利用市作协文学写作专业水平高、在爱好文学的学生中影响力强的优势。在阅读推广主题上,围绕"遂宁学生读遂宁、看遂宁、写遂宁、爱遂宁",征集学生自主创作的作品,引导学生在书籍中"读"家乡、了解家乡、热爱家乡。在征集方式上,通过网上公开征集、面向学校针对性征集两种方式,学生根据活动主题进行自主创作,按要求报送到活动组委会指定邮箱。

开展情况:一是征集作品。按照初中组、高中组两个组别,向学生征集作品,活动共征集到学生作品382件(篇),其中初中组学生递交作品最多,为265件(篇)。二是评选作品。邀请省市作家协会的作家组成评审组,通过初评、复评、终评,最终评选出获奖作品78篇,通过网络、媒体等多种方式面向社会公示,对获奖作品进行表彰奖励。三是成果运用。将获奖作品汇编成作品集,在市图书馆大厅阅读瀑布流上流动展示,读者可直接点击阅读。优秀作品在"艺玩星空"等文艺平台宣传发布,分期在市作协主办的期刊《川中文学》刊发,特别优秀的获奖作品积极向上、对外推荐发表。在颁奖典礼上,市图书馆还邀请了市作协副主席现场点评征文稿件,为参会的学生代表进行文学创作培训。

活动成效:阅读征文活动进一步激发了青少年的阅读兴趣,提升了他们的阅读能力。现场点评和专题讲座帮助参与读者找出在阅读和写作方面的不足,促进了青少年阅读和写作能力的提升,培育出更多的阅读爱好者和文学创作者。

3.2.4 "悦读金秋"阅读推广活动

中老年读者已经形成了自己的阅读习惯,有一定的阅读经验和见解,有个人的阅读选择和兴趣爱好,一般性的阅读活动对他们的吸引力不大。针对中老年人的阅读推广可以分群体分层次开展,以与他们自身的兴趣与爱好相契合,同时利用他们的阅读经验带动青少年阅读,向青少年传授好的阅读方式。2023年,遂宁市图书馆联合市书法家协会开展了"悦读金秋"系列活动之"国学修养与书法艺术"主题活动。

服务对象:市内中老年读者,2023年第一期以书法爱好者为主。

活动方式:以"大"牵"小"、"师"引"徒"的形式,开展国学修养阅读和书法艺术培育主题活动。

开展情况：一是组织书法爱好者参观图书馆。此次活动中大家先后参观了遂宁市图书馆展览区、少儿阅览室、成人借阅区、报刊服务区、创客天地、数字服务区等主要功能区，了解市图书馆的发展状况，对图书馆现代化设备设施和丰富的文献资源有了更加深刻认识，激发了他们走进图书馆深度阅读的兴趣。二是组织开展国学修养主题讲座和国学阅读体会交流。邀请遂宁本土著名作家、市作协主席结合生动鲜活的事例，为参加活动的中老年书法爱好者讲述文学和书法的当代价值，分析国学修养与书法艺术在当今社会中的合理运用。三是开展书法家现场笔会和书法指导。以大手牵小手、老师带学生的方式，通过书法家笔会、现场书法培训，由中老年书法艺术家指导少儿读者学习书法艺术。

活动成效：借助、发挥各位书法家的社会影响力，弘扬传统优秀文化，引领读书风尚，推动书香社会建设。参加活动的书法爱好者纷纷表示，一定会带动身边更多人养成热爱阅读的习惯，传播文化艺术，分享人生哲思（图6.23，图6.24）。

图6.23　国学修养讲座和国学阅读体会交流

3.3　围绕特定主题开展阅读推广活动

3.3.1　"书香遂宁·畅享悦读"暨遂宁书市

遂宁市图书馆围绕"4·23"世界读书日和全民阅读月活动，以"书香遂宁·畅享悦读"为主题，开展惠民图书展销、"你阅读我买单"、川渝文创产品展示、线装书体验等系列阅读推广活动。该活动自2016年举办首届活动以来，至2024年已成功开展九届，年均吸引群众10万余人次，各方媒体报道年均70余次。活动的持续开展，引领了全市全民阅读，创建了遂宁阅读品牌。每年活动开展前，遂宁市图书馆精心策划，组织人员反复研究讨论，

图 6.24　书法爱好者们对图书馆藏书产生了浓厚兴趣

制定工作方案,策划活动内容,联合相关部门协作组织。每年的活动既有持续传承,又有创新推进,吸引了广大群众参与。"书香遂宁·畅享悦读"暨遂宁书市于 2021 年被四川省文化和旅游厅评选为全省文旅公共服务高质量发展"四个一批"优秀品牌,2022 年被评选为四川省全民阅读"三个一百"优秀案例。

(1) 举办"4·23"世界读书日全民阅读活动启动仪式增强阅读活动影响力

"书香遂宁·畅享悦读"活动贯穿全年,主体活动集中在每年 4 月,并在 4 月 23 日左右组织开展"世界读书日"全民阅读系列活动启动仪式。在启动仪式上发出全民阅读倡议,向市民展示上一年度全市全民阅读活动所取得的成果,宣布评选出的全民阅读先进个人和集体,如书香家庭、书香社区、书香单位、经典诵读比赛获奖者等;启动当年度的主题阅读活动,如 2023 年的遂宁市首届青少年人工智能(智慧)阅读创意大赛活动等。

"书香遂宁·畅享悦读"——2018 年 4·23"世界读书日"全民阅读系列活动启动仪式:此次启动仪式由四川省图书馆、市委宣传部、市文明办、市文广新局、市全民阅读指导办主办,市委常委、宣传部部长在启动仪式发言中阐明了阅读对于提高市民文化素质和社会文明程度的重要性,肯定了全民阅读在推进遂宁文明城市创建中的积极作用,提出了进一步加强书香遂宁建设和推进全民阅读活动深入开展的要求和希望。在启动仪式上,四川省图书馆副馆长谭发祥发出全民阅读倡议,遂宁市图书馆和成都图书馆签订了信息资源共享协议,新华文轩遂宁书城负责人代表实体书店宣誓版权保护承诺。启动仪式上还对遂宁市第三届"书香家庭·书香社区"评选出的 10 个"书香家庭"、10 个"书香社区"进行了表彰和颁奖。市委常委、宣传部部长,市人大常委会副主任,四川省图书馆副馆长谭发祥,以及遂宁全民阅读成员单位领导同时启动了"书香遂宁·畅享悦读——2018 年 4·23'世界读书日'全民阅读系列活动"。市全民阅读指导委员会成员单位代表、市直文化单位干部和市、县(区)图书馆部分职工、部分乡镇(街道)村(社区)文化干部以及社区群众共300余人参加了启动仪式(图6.25)。

图6.25　2018年"书香遂宁·畅享阅读"——"4·23"世界读书日全民阅读系列活动启动仪式

第八届"书香遂宁·畅享阅读"、2023年遂宁市全民阅读暨首届青少年人工智能(智慧)阅读创意大赛活动启动仪式:此次活动由市委宣传部指导,市文化广电旅游局、市科技局、团市委、市科协、潼南区文广旅委等单位共同主办,遂宁市图书馆、潼南区图书馆、遂宁市科技馆、遂宁市青少年宫、遂宁市科技信息研究所等单位共同承办。启动仪式由入选中国图书馆学会"《论语》经典故事讲读活动"的参赛作品表演拉开了帷幕,读者代表现场向图书馆捐赠图书,学生代表宣读智慧图书馆人工智能创意大赛倡议书,市委宣传部副部长、市文化广电旅游局党组书记、局长致辞。参与仪式的主办单位领导共同按亮2023年遂宁市全民阅读暨遂宁市首届青少年人工智能(智慧)阅读创意大赛启动球(图6.26)。

(2)举办"遂宁书市"开展图书惠民服务

一是开展图书惠民展销。由遂宁市图书馆搭建展示平台,设置图书集中展销点,邀请市内外实体书店参加惠民展销,为读者提供图书优惠销售。2016—2021年,遂宁市图书馆先后在遂宁体育馆、市城区中央商务区等人口集聚区搭建展篷,举办大型图书惠民销售活动。2021年,新华文轩遂宁书城、宏图席殊书屋等8家实体书店参加了为期20余天的图书惠民展销活动,累计销售额码洋约139万元,惠及群众4.4万余人。2022年,图书惠民展销活动现场布置在图书馆新馆前花园广场,邮政集团遂宁分公司等4家图书销售商参与现场惠民展销。同时采取激励政策,鼓励实体书店在实体店内设置优惠专柜,馆店累计售出图书6 000余册,码洋13万余元,为读者优惠约5万元。2023年,河东新区百科书店、遂宁宏图席殊书屋等4家图书销售商参与现场惠民展销,两天共展出图书8 000余册,馆店累计售出图书2 000余册,码洋10万余元,为读者优惠约2.5万元(图6.27)。

图 6.26　2023 年"书香遂宁·畅享阅读"暨"4·23"世界读书日全民阅读系列活动启动仪式

图 6.27　2018 年,遂宁市图书馆在中央商务区设置图书惠民展销,组织实体书店结合各店特点开展阅读推广活动

二是开展"图书赶集"活动。2022 年,遂宁市图书馆在原"心语驿站"图书漂流活动的基础上,升级启动"图书赶集"活动,精心设计制作图书赶集券,明确交换图书的范围,准备可兑换的图书。读者将闲置的内容健康、品相较好、无严重残损的公开正式出版物带到图书馆,经工作人员审核,符合条件的图书可兑换相应数量的"图书赶集券",每位读者最多可兑换图书赶集券 10 张。读者凭兑换到的"图书赶集券"到图书馆的图书赶集区域选择、兑换自己喜欢的图书,并将图书带回家阅读、收藏。图书馆将从读者那里收集到的图书或兑换给其他读者,或加工后进入馆藏流通。2022 年,遂宁市图书馆"图书赶集"精选出图书 2 000 册供读者选择,读者交换图书 2 500 册次。2023 年,读者交换图书约 3 000 册(图 6.28~图 6.30)。

图 6.28　2023 年、2024 年遂宁书市

图 6.29　读者现场兑换图书及图书赶集券

图 6.30　图书赶集券，赶集券上附有磁性书签，读者可收藏

三是开展"你阅读·我买单"活动。遂宁市图书馆从2017年开始开展"你阅读·我买单"活动。持证(注册)读者可在图书馆的合作实体书店的划定区域、控制价格范围内,选择自己喜欢的图书,交给现场工作人员,经加盖图书馆馆藏章,登记读者信息和借阅信息后,即可带回阅读。在有效借阅期内,读者将书归还到书店,由书店对图书统一整理后送至图书馆入藏,进入图书借阅流通服务。2024年,启动读者线上选书、荐书,图书馆"买单",读者借阅模式(图6.31)。

图6.31 读者精心挑选自己喜爱的图书

(3)开展主题阅读活动

每年确定一个重点主题,围绕重点主题开展系列阅读推广活动,竭力使"书香遂宁·畅享阅读"暨"4·23"全民阅读系列活动既有中心和深度,又有广度和覆盖面,能惠及广大群众。

2018年,在中国作家协会《诗刊》社、四川省作家协会,以及中共遂宁市委、市人民政府主导下,开展了"书香天府·遂宁阅读季"活动,全市各县(区)、市直园区各中小学校示范点上万名学子通过开展"诗歌中国·诗意遂宁"经典诵读会,以网络直播、线上线下互动等形式,为优秀传统文化"发声",共同分享诗歌之韵、阅读之美(图6.32)。市图书馆向市民代表发放了免费阅读卡,推广宣传图书馆的数字阅读服务模式。在市委宣传部、四川省图书馆、市全民阅读指导办指导下,与市文化馆联合举办了"开启智慧之门——2018年四川省图书馆系统暨遂宁市全民阅读主题晚会",晚会以"悦读之声""书香之韵""抚卷之美"三个篇章全面展示了遂宁市全民阅读活动盛况,向读者呈送音乐、舞蹈、经典诵读、阅读分享、好书大家读、数字阅读等节目,晚会节目内容丰富、主题鲜明,音乐、舞蹈等艺术形式有机地融入诵读,用诗词歌赋展现阅读之美,描绘了中国传统文化的优美意境,把经典文化的内涵形象地诠释给观众。晚会还向读者介绍了遂宁市著名慈善爱心人士刘图耻的助学助阅事迹,分享了读者的阅读方法(图6.33)。

图6.32 "书香天府·遂宁阅读季"启动仪式

图6.33 "开启智慧之门"阅读推广活动主题晚会

2021年,以红色阅读推广为主题,通过区域合作,开展"党的光辉历程"特色文献巡展活动。围绕建党百年光辉历程图片展示,联合潼南区图书馆,在潼南区、遂宁市各县(市、区)等地进行党史知识图片巡展,累计参展人数1万余人。创新开展"悦读吧 遂宁——2021年遂宁市阅读马拉松比赛活动",活动点击人次66 465人次,参赛人数279人,提交心得和视频1 216个,评选出阅读之星16名、全民阅读示范单位1个。

2022年,以推广青少年阅读为主题,首次开展"世界读书日"阅读手抄报展览等馆校合作阅读活动,展示遂宁、潼南区中小学生的优秀手抄报作品100余幅(图6.34)。"红色绘本进校园"活动走进顺城街幼儿园等学校,带领幼儿们在游玩中享受读书快乐。

2023年,以推广数字阅读为主题,启动了全市首届青少年智慧阅读大赛。

2024年,积极推广大学生阅读,由来自四川师范大学(遂宁校区)等学校的10名在遂大学生代表在启动仪式上宣读全民阅读倡议,"书香集市"校园书展陆续走进四川师范学院遂宁校区、四川职业技术学院、四川文轩职业学院等高校。

图6.34 "世界读书日"阅读手抄报展览

(4)开展特色文创产品展示

2022年、2023年"4·23"活动期间,举办了两届遂潼文创产品展示展销活动。2022年,邀请遂宁、重庆潼南区10余家文创企业、遂宁文创产业促进会参与建设文创集市,活动当天,刺绣香囊、青瓷水杯、雕版木画、手工剪纸、创意台签、观音绣品、圣莲花茶、香檀木艺等100余种精美文创产品,吸引游客流连选购。通过活动奖励,向读者赠送文创刺绣香囊及市图书馆设计制作的创意台签、磁性书签、布艺书袋等文创产品2 000余件(图6.35)。2023年,将征集到的遂宁、潼南两地的文创和手工艺品100余件展示给读者,这些作品有剪(刻)纸、废旧报纸创意、竹编、石艺、陶艺、木雕、毛线玩偶、遂宁酒文化等。

图6.35 文创集市和文创作品展示

（5）开展系列配套阅读推广活动

① 古籍文化保护传承。2022年,邀请四川省图书馆3名资深古籍修复专家,为遂宁40余名图书馆业务人员讲解古籍保护、修复与传承的理论知识;面向读者开展两场线装书体验活动,现场演示古代文献装订成书过程,从裁纸、打孔、穿针到引线、装帧等,手把手教导读者。50余名小读者预约参加体验,带着自制的线装书愉快回家(图6.36)。

图 6.36　线装书体验活动

② 作家读者交流活动。"遂成渝作家签名赠书"活动邀请遂宁、成都、重庆籍作家为读者签名赠书,"扫码赠书"服务受到市民热捧,读者通过扫码关注遂宁市图书馆官方微信公众号,领取他们喜爱的有作家本人签名的图书。每次签赠时,作家们的著作很快就被市民一"扫"而空。作家读者交流座谈,邀请成都遂宁作家及部分读者召开交流协作会,就文学创作、遂宁唐宋名家等进行交流座谈。展示遂宁本土作家作品,设置专柜展陈遂宁本地作家作品,让更多的读者了解遂宁文化现状(图6.37)。

③ 线上线下结合推广数字阅读。以数字图书馆为载体,通过遂宁市图书馆微信公众号和门户网站同步推送各类数字图书和期刊资源,数字资源年点击量达160万余人次。组织数字阅读体验活动,展示遂宁市数字图书馆阅读服务项目,先后开展"新语听书"有声阅读、机器人互动、"声音里的四史"、"领读者"方言诵经典、"新语杯"茅盾文学奖知识问答、数字悦读汇、最美图书馆摄影大赛等活动。

④ 全民阅读成果展。制作了"书香遂宁·畅享悦读"成果展示展板,展出了"公共图书馆阵地建设""品牌阅读活动""联合图书室建设""合作共蕴遂潼书香"等内容,也向各读者展示了全市阅读服务点的规划、布点,方便读者选择阅读场地。

图 6.37　作家签名赠书活动

3.3.2 "童心向党　逐梦成长"红色教育主题沉浸式阅读体验活动

2022年,遂宁市图书馆策划组织了少儿主题阅读活动:"童心向党　逐梦成长"红色教育主题沉浸式阅读体验活动。该活动在"六一"儿童节前,通过网上征集参与者的方式开展体验活动两场。因活动效果好,深受少儿读者喜爱,又应市直机关工委等单位相约,定制式开展活动两场。该活动以夺取抗日战争胜利这一历史题材为背景,在图书馆负一楼及户外设置红色主题体验场景,参与儿童在沉浸式阅读体验中感受峥嵘岁月。活动分为课堂阅读、弃文从戎、保家卫国、欢庆胜利、强国有我五个篇章。活动中,图书馆员将精心制作的线装书发给儿童,并带领大家以诵读和吟唱的方式开启阅读,随后带领小朋友体验卫国参军、送军粮、过铁索桥等情景,寻找红色记忆,接受红色教育。此项活动激发了少年儿童阅读党史的兴趣和热情,也让少年儿童体会到革命战争年代的艰苦,体会今天幸福生活的来之不易,体会到阅读也是一种幸福感受(图 6.38,图 6.39)。

图 6.38　活动环节之课堂阅读

图 6.39　活动环节之体验活动

3.3.3 遂宁市青少年人工智能(智慧阅读)大赛

为推动人工智能等现代科技融入全民阅读，开启青少年人工智能科普之路，2023年，遂宁市图书馆牵头组织开展了遂宁市首届青少年人工智能(智慧阅读)创意大赛。

服务对象：全市中小学生。

组织方式：遂宁市首届青少年人工智能(智慧阅读)创意大赛采取多方合作、线上线下联动的方式举办，由市文化广电旅游局、市科协、市科技局、团市委等主办，市图书馆、市科技馆、市科技信息研究所、市青少年宫和各县(市、区)文化广电旅游局及图书馆联合承办。活动是全公益性质，以暑期公益培训为主要时间段，融少儿编程、硬件组装培训和创意阅读比赛为一体。

开展情况：遂宁市首届青少年人工智能(智慧阅读)创意大赛活动分为三个阶段，全市(含县市区)共计300名学生报名参与，参与活动公益培训近5 000人次。第一阶段为赛前培训，由各县(市、区)图书馆分别对报名学生进行图形编程和智能硬件设计的组装培训，培训课程包括软件基础知识、实例编程、场景应用等。第二个阶段为初赛，各县(市、区)联合相关部门组织大赛初赛，各县(市区)各评选推荐1~2支队伍参加全市大赛决赛，共评选出24名学员、组成12个小组。第三个阶段是创意大赛决赛，比赛方式是将实现图形编辑软件与智能配件结合，让学生通过软件编程自主控制机器人(智能硬件)完成既定任务。经过理论抢答和编程操作两轮比赛，评选出一等奖1组、二等奖3组、三等奖3组。

活动成效：活动为全市青少年提供了丰富多元的科普阅读活动，受到了广大青少年学生和家长的热烈欢迎。据不完全统计，全市累计培训120余课时，参与公益课程的学生4 480人次。激发了青少年读者对科技和人工智能的热情和兴趣，培养了团队协作、解决问题和创新思维能力，助力公共文化尤其是数字阅读服务高质量发展(图6.40)。

图6.40 活动培训和初赛

3.3.4 开展地方文献专题阅读推广活动

遂宁市图书馆通过开展地方文献新书发布会、本土作家作品阅读分享会等，向读者宣传家乡文化，推送本土作家作品。2021年，组织开展了《敬隐渔研究文集》《拨棹歌浅注》新书发布会暨遂宁市古籍和地方文献工作座谈会。敬隐渔出生于四川遂宁，是中国最早介绍法国作家罗曼·罗兰和翻译《约翰·克利斯朵夫》的人，也是他把鲁迅先生的《阿Q

正传》译成法文。2022年8月，举办了《关于陈子昂献诗、论文与年谱》阅读分享活动，这是遂宁作家胡亮、李宝山汇编的一本关于本土历史名人陈子昂作品的书籍，系统介绍了陈子昂的诗歌、论文和年谱。阅读分享活动，让参与读者更深入地了解陈子昂，了解家乡历史文化积淀，那句荡气回肠的"前不见古人，后不见来者"让许多读者梦回大唐。2023年6月，举行了遂宁作家王本杰长篇小说《暗杀：1912》的阅读分享会。王本杰是中国作家协会会员，当过知青、工人、教师、工厂工会干部，担任过机关领导干部、艺术学院教授，出版及发表过小说、报告文学、散文和戏剧作品近200万字。长篇小说《暗杀：1912》以1912年发生在北京的同盟会针对袁世凯、良弼的暗杀两次历史事件为素材创作，旨在站在当今的历史经纬度，回望百余年前那场革命洪流中的人和事。该作品曾获"今古传奇"全国优秀长篇小说一等奖。

地方文献专题阅读推广活动既是对图书馆研究古籍和地方文献的成果展示，也是对地方优秀文化的进一步弘扬，让更多读者了解家乡文化、热爱家乡文化。

4 公共图书馆阅读推广活动品牌建设的几点思考

在推进本馆阅读推广活动的实践中，笔者总感觉理论储备和实际措施有诸多欠缺。为学习借鉴先进案例，进一步做好本馆阅读推广活动品牌化建设，笔者通过网络访问、文献查阅等，调研了部分公共图书馆的品牌阅读推广活动情况，探索思考像遂宁市图书馆这类地处西部经济欠发达地区的地市级公共图书馆，通过阅读推广品牌建设推进公众阅读品质提升功能实现的举措。

4.1 四川各地公共图书馆开展阅读推广品牌活动的主要特点

4.1.1 服务模式多样性

根据笔者调研情况，四川省各公共图书馆结合实际，主要通过阵地阅读服务、主题阅读活动、数字阅读推广等模式开展阅读推广。通过完善基础服务设施、丰富文献资源、拓展阅读时空吸引读者；围绕特定内容，在特定时间，针对特定对象开展阅读活动，提升公众阅读兴趣；利用网络使数字阅读推广辐射更广泛的阅读人群。

4.1.2 服务主体协同性

在近年的阅读推广活动中，四川省各公共图书馆基本没有"单打独斗"现象，大多联合实体书店、学校、企业、机关事业单位等开展活动，集聚多方力量，共同提升公众阅读服务。如四川省图书馆组织开展的"阅无限·向未来"馆校合作主题阅读活动，主要由公共图书馆与各中小学校建立合作机制，旨在通过创新利用阵地服务资源，推动优质阅读服务进校园，汇聚各馆、各校力量打造全省阅读推广活动品牌。

4.1.3 活动形式富涵性

四川各公共图书馆阅读推广活动最集中的时间是每年4月，围绕"4·23"世界读书日、全民阅读月，各馆确定主题，馆均策划组织阅读活动10余场，有公益展览、文旅讲座、经典阅读、图书赶集、惠民书展、沉浸体验等，努力让读者感受"总有一款适合你"。

4.2 阅读推广功能实现存在的不足

作为西部省份，四川居民综合阅读率略低于东部地区部分省份。2022年，浙江省居民综合阅读率为91.9%，江苏省为90.33%，四川省为82.4%。四川省文化和旅游厅公布的2021年、2022年文旅公共服务高质量发展"四个一批"项目，79个优秀品牌中阅读服务类品牌仅23个，低于群文艺术类品牌。一些优秀的阅读推广活动虽内容丰富，但品牌效应未能得到充分展示。笔者认为主要有以下几方面的不足。

4.2.1 活动形式创新不够足

特别是针对00后、10后青少年读者，有创意、个性化的阅读服务及更具魅力、泛众化的阅读活动吸引力不足，读者参与热情和满意度往往低于主办方预期。品牌阅读推广活动建设有质更需"新"。杭州市图书馆推出的阅读与表演结合的"小故事大舞台"、阅读与体验结合的"工具图书馆"等形式新颖的品牌阅读活动吸引大量读者参与，丰满了图书馆的形象。江苏省昆山市图书馆面向城乡一体化建设，为不同区域读者配置对应的文献资源，把图书馆智慧空间和智慧体验嵌入到居民社区生活和居家体验中，打造便捷接入的"馆在城中央，人在馆中心"的智慧空间[8]。

4.2.2 活动内容特色不鲜明

随着人们对阅读品质的追求越来越高，独特的阅读空间、新颖的阅读内容和形式更能吸引人们将关注度转移到图书馆丰富的文献资源里来。图书馆阅读推广活动内容多数更注意泛众服务，差异性不大，有容需再"特"。浙江省嘉兴市图书馆依托特有的红色文化资源，围绕传承"红船精神"，建设"红船·书苑"，书苑内部装饰风格突出红色主题，将红色文化教育、图书馆阅读推广、地方历史风貌展示、文创产品展示等服务整合起来，建设红色读物学用体系，形成跨界型特色书苑[9]。

4.2.3 活动持续性需更长久

由于部分阅读推广活动缺乏活动体系建设和统筹策划，每年名称不一，长期持续性不够，一场活动刚给受众留下一点印象，转瞬消失无踪，导致了阅读推广活动品牌辨识度不够。阅读推广活动有品也需"牌"。河北沧州市图书馆兼顾典雅的视觉和美学感受，打造特色服务空间，从2017年起，每年承办一届由中国图书馆学会阅读推广委员会主办的公私藏书与经典阅读（沧州）会议，吸引全国图书馆界、藏书界、出版界专家学者及广大同仁踊跃参与[10]。国家图书馆2012年正式推出"文津经典诵读"品牌栏目，通过网站等平台每天为读者推出一条中华传统美德与一首古代诗词赏析，通过诗歌吟诵会、有奖竞答、系列讲座、文创开发等丰富阅读推广内容，品牌持续十余年，营造了浓厚的诗词阅读氛围，受到读者广泛好评[11]。

4.2.4 服务受众需更广泛

目前四川公共图书馆阅读推广活动服务对象以到馆读者为主,而到馆读者以城镇居民为主,故阅读推广活动地点多在城区,对乡村居民影响力不足。中国新闻出版研究院发布的《2022年四川省全民阅读状况调查主要发现》显示,四川农村成年居民对农家书屋等公共阅读服务设施知晓率仅21.1%,比城区居民对社区书屋、城市书房等公共阅读服务设施知晓率低22.7%[12]。阅读推广活动品牌建设有影更要"广"。呼和浩特市通过"图书馆+"模式,在城区与社区、书店、学校、银行、医院等机构合作建立鸿雁书房,快速、低成本地扩大分馆建设数量和覆盖范围,同时将草原书屋纳入鸿雁书屋管理体系中,让村民以最快的速度享受"鸿雁悦读"计划的红利,从而缩短用户到达图书馆的物理距离,降低用户获取服务的时间成本和物质成本,保障基层群众享受优质阅读服务的权益。

4.3 推进阅读推广活动品牌化建设的几点思考

在推进全民阅读落"实"趋"深"实践中,公共图书馆推广阅读服务的社会作用不可或缺,对阅读推广品牌建设的理论研究和实践推进越来越多。但相对社会公众的阅读需求,公共图书馆的阅读推广效能体现还存在一定差距,要加强阅读推广服务的理论研究和探索,助力提升学术水平和实践能力,促进西部图书馆事业高质量发展,将"品牌"意识融入阅读推广实践,增强图书馆服务吸引力、影响力和文化传承力。

公共图书馆阅读推广品牌化建设是落实构建公共图书馆服务体系的重要部署,是强化图书馆阅读服务实践能力的迫切需要,是拓展图书馆服务提升公众阅读品质的必然要求。笔者认为,地市级公共图书馆阅读推广品牌建设要创新、响亮、普及、持久,质量要优突出"品",名称要响突出"牌",从体系架构、资源整合、科技支撑等方面着手,建设高品质阅读推广活动,提升公众阅读品质和社会综合文化素养。

4.3.1 统筹策划定"方向"

公共图书馆在开展阅读推广时站位要高。阅读推广工作是公共图书馆必然担当的重要职责,也是全社会的共同职责。一方面地市级公共图书馆在近年来阅读推广活动中,通过与读者的互动,吸引了越来越多的普通读者走进图书馆、走近阅读,对社会阅读氛围营造起到了积极推动作用;另一方面公共图书馆的资源配置、空间位置、人力物力还有一定的局限性,阅读推广服务显得势单力薄[13]。因此,作为地市级公共图书馆,不仅要做好本馆的阅读推广服务,也要积极致力于本地区全民阅读的统筹推进工作。

积极争取上级部门统筹部署和政策、资金支持。科学规范的区域性总体规划,能为本地全民阅读推广服务奠定良好的发展基础。要立足区域和全馆事业整体发展,合理制订阅读推广计划,明确品牌阅读推广活动的总体思路和总体定位、阶段计划、具体任务和措施,保证阅读推广"杂"而有"章"。如广东省佛山市政府将邻里图书馆项目列入《佛山市公共文化服务体系高质量发展行动计划(2019—2022年)》重点实施项目,从政策层面全面确保邻里图书馆项目的推进实施[14]。贵州省文化和旅游厅在2023年下发了"云读山水"全年活动计划,将文旅整合与阅读推广相结合,明确建设"云读山水"阅读品牌,为"云读山水"品牌的长远发展提供了有力的组织和制度保障[15]。四川省文化和旅游厅从2021年开始组织文旅公共服务高质量发展"四个一批"推荐活动,把新型公共阅读空间建设、全民阅读推广等列入优秀品牌、优秀案例、优秀团队、优秀空间评选范围,激励了各地品牌阅读推广活动的培育、总结和宣传。

公共图书馆因为职能职责的原因,在协调相关部门开展阅读推广工作时,在号召力、影响力等方面有一定局限性。要推动阅读推广不断上台阶,既要加强行业内开展阅读推广活动的实践推进和理论探讨,更要争取由上级部门设立地区全民阅读统筹机构,协调团委、教育、工会、学校等相关部门,聚集多元主体、多方力量形成阅读推广合力,使阅读推广落到实处。遂宁市曾在市委宣传部设立全民阅读指导委员会,举办全民阅读推广活动时,以全民阅读指导委员会的名义发出动议,更具号召力。

4.3.2 突出特色树"牌子"

公共图书馆推进阅读推广活动品牌建设,要把阅读推广活动的"牌子"即名称确定下来,在统一的"品牌"下开展各种各样的阅读推广活动。"名称是品牌外在构成要素中的核心,标识是其主体"[16]。品牌阅读推广活动既是一个阅读推广活动品质的体现,也是一个象征,可以通过一个标志性的符号来体现。首先要结合本馆资源优势、服务特色,为活动取一个响亮的名字,把"牌子"树起来。这个名字最好简单易记、有较强的亲和力和感召力,能体现本地区本馆的特色,体现活动的内容和内涵。如"湘图汉语角"容易让读者感知活动的内容和精神内涵。"深圳读书月"简单明了,一看就知道活动的地区、内容。呼和浩特市图书馆有"鸿雁书房""鸿雁悦读"计划,"鸿雁"让人联想起草原,知道它的地域性。佛山市图书馆的"邻里图书馆",很容易让人想起建设在社区的微型图书馆和它的服务理念。

确定了"牌子",可以设计一个LOGO符号,把"标志"亮出来,让品牌阅读推广活动具有易识别的身份"象征"。如在美国深受青少年欢迎的"读遍美国"活动(Read Across America),在所有活动中都能看见一只"戴帽子的猫",这一经典卡通形象几乎成为"读遍美国"活动的象征。深圳读书月最早没有自己的专属LOGO,在持续开展活动过程中逐渐认识到"标识系统是最直接的传递品牌形象的方式",最终于2018年推出全新标识系统,通过图案+字母+文字的形象符号,展现"深圳读书月"的品牌形象,向人们传达阅读主题精神[17]。遂宁市图书馆邀请本地艺术家设计了LOGO标志,似一本翻开的书本,也似一只欲展翅飞翔的鸟儿,寓意通过阅读展翅飞翔,在各种阅读推广活动和宣传资料上都会印上这个标志。

4.3.3 分析受众明"目标"

读者是阅读推广活动的最大受益者,也是阅读推广活动的最有力支撑,阅读推广品牌建设一定要建立在读者的阅读兴趣和阅读需求上。不同图书馆的职能职责不同,服务对象有各自的特色和需求。相比大学图书馆,公共图书馆面对的读者职业、年龄、文化程度更具多样性,各级公共图书馆要明确本馆阅读推广服务群体特点,根据不同类型的读者推送不同的阅读推广活动。通过阅读行为分析了解读者阅读习惯和社会阅读趋势,确定受众重点,把服务"目标"定下来。

要调研掌握本馆服务受众特点。通过分析办证(注册)读者群体的年龄结构、文化程度、职业分布等情况,掌握受众类型和占比,确定本馆受众集中群体。目前很多公共图书馆采取的是身份证或社保卡注册即为办证读者,加之目前人们的隐私保护意识较强,图书馆对读者的相关信息掌握不是很充分,因此可以利用读者调查问卷等方式进行粗略了解,从中明确哪些读者是本馆的忠实读者,为他们的服务重点放在回应需求提升品质;哪些是潜能性读者,需要吸引他们参与阅读活动进一步激发他们的阅读兴趣[18]。

要调研了解本馆读者借阅特点。通过分析本馆个体读者借阅频率、阅读时长、阅读种类以及整体图书借阅量、流通借阅文献不同种类占比、电子文献下载量等等,了解社会阅读趋势,明确推送重点内容。这个需要图书馆工作人员认真查看平台借阅记录,浏览网络阅读推荐,从中掌握读者需求变化和社会关注重点,提出针对性的阅读推广内容,重要的是引导社会阅读内容正向发展。

要调研掌握读者使用本馆服务方式。公共图书馆服务对象主要是本地居民,其结构复杂,人文素质、阅读需求差异较大,对图书馆服务方式要求各异、层次多级。通过分析读者使用图书馆方式和体验感受,了解个性需求,有助于更加准确为读者提供阅读推广服务。公共图书馆服务受众的阅读兴趣与学习能力差异较大,所能接受的阅读推广服务也不一样,如城市居民和乡村居民的阅读诉求有相同更有区别,城市居民阅读积极性更高,更容易直接走进图书馆,参加图书馆举办的各类阅读活动;而对于乡村居民,要有针对性地完善乡村基础阅读服务设施和开展阅读推广活动,激发阅读兴趣,提供更方便更直观的阅读服务。中老年和青少年读者的阅读服务需求也不尽相同,中老年读者更容易接受传统纸质文献阅读,青少年读者更容易接受数字化阅读服务。

4.3.4 资源建设富"内容"

加强文献资源建设丰富服务内容,分析研究可利用资源,丰富资源特色。一是分析本地公共图书馆服务设施基础情况,如本馆的资源优势是什么,可以提供的特色服务有哪些。二是分析区域人文底蕴,把握受众需求可能偏向。本地的人文特色是影响人们阅读偏好的因素之一,掌握好区域人文特色可以分析出本馆受众阅读方向,提供针对性服务。三是加强特色文献资源建设,突出地方人文底蕴特色,把推广大众化的阅读内容和特色化的阅读内容结合起来,强固文献资源特色和服务提供基础[19]。笔者认为,地市级公共图书馆要充分利用本地人文底蕴和文化特色确定特色主题,围绕主题谋活动,提升阅读推广品牌的个性化和针对性,把"特色"突出来。

4.3.5 科技赋能增"质效"

科技改变生活,也改变了人们的阅读方式。2022年,四川省公共图书馆数字资源访问量已超过线下读者接待量,"微"阅读、数字阅读在居民阅读方式中占比越来越高,智能阅读的吸引力和影响力越来越大。2024年4月,第三届全民阅读大会在昆明召开,大会发布了第二十一次全国国民阅读调查结果。调查结果显示,数字化阅读方式(电脑端网络在线阅读、手机阅读、电子阅读器阅读、平板电脑阅读等)的接触率为80.3%,较2022年增长0.2个百分点。2023年我国成年国民电子书阅读量上升,有三成以上的国民有听书习惯,通过听书的方式阅读,"移动有声App平台"是国民听书最主要的渠道,数字化阅读深入成年国民生活[20]。各级公共图书馆已经认识到提升数字化建设,强固现代通信技术平台是一种高效、便捷的阅读推广重要途径。推进阅读推广品牌智慧发展,让公共图书馆的阅读服务"品质"优起来。

地市级公共图书馆在基础建设、资源储备等方面无法与大型图书馆和学院图书馆相比,更应正视差距,找准方向,充分利用科技赋能提升阅读推广质效。要丰富电子书刊、视听资源、数字资源建设,通过馆际交流和资源传递推进资源共建共享,在资源内容供给上丰富内涵。电子文献、数字资源储存量大、内容丰富,价格通常比传统纸质文献要便宜,适当增加电子文献和数字资源的购买数量也是地市公共图书馆解决购书经费受限与读者需求不断增长之间矛盾的方法之一。

要利用数字技术赋能阅读推广,"以高容量、高速率软硬件设备作为支撑"[21],促进阅读服务智慧化转型发展,实现阅读推广差异信息推送。要在传播载体和服务手段上有效发挥网络传播能力,为读者提供不受开闭馆时间、物理空间限制的阅读内容获取渠道,让资源获取过程更加方便、快捷。上海图书馆早在2005年推出手机图书馆线上服务,2013年正式推出市民阅读APP,进一步完善了数字阅读服务[22]。为在智慧管理、智慧技术、智慧服务和智慧空间建设等方面共谋发展、共创新局面,共同推进全省图书馆高质量发展,四川省图书馆、四川省图书馆学会举办了"2023年四川省智慧图书馆体系建设培训班",以全国智慧图书馆体系建设实践与思考、中华古籍保护计划下古籍智慧化服务建设与思考等为主题,为全省公共图书馆业务骨干讲述全国智慧图书馆体系的整体架构、建设进展及重点任务,传授国家图书馆在知识资源与图谱建设、基础支撑平台建设、新型资源建设方面的先进经验。自贡市图书馆、遂宁市图书馆等地市图书馆在此次培训会上分享了2022年智慧图书馆建设成果和经验[23]。2023年,遂宁市图书馆开展首届智慧阅读大赛,既是对阅读服务内容的拓展,也是科技赋能阅读服务的尝试,目前正在策划元宇宙项目建设,拟通过现代科技为读者提供更为直观的虚拟体验。

4.3.6 持续推进蓄"活力"

"品牌"本来就是一个日积月累的成果,很难短时间内打造出来,持久性是品牌化建设的一个重要元素。杨斌认为"品牌是一个长期发展和累积的过程"[24],石继华认为需要"对品牌进行维护管理,保持品牌市场地位和生命力"[25]。中国图书馆学会阅读推广委员会2014年评选出的高校阅读推广活动优秀案例中9个一等奖的获奖案例,均持续了多年[26]。《四川省图书馆暨全省公共图书馆2022年阅读报告》显示,2022年全省公共图书馆全年打造服务品牌876个,较2021年增长近一倍。面向未成年人的服务品牌464个,同比增长65.7%。全省公共图书馆举办读者活动(讲座、展览、培训等)共计22 357场次[27]。这里可以看出,我省公共图书馆开展的阅读推广活动数量庞大,品牌意识开始增强,品牌化建设开始不断发展。目前,一些地市公共图书馆的阅读推广活动还属于应对式短期性发展阶段,品牌建设意识不够明确,或者对阅读活动的"品牌"标识与运营、传播推广认识还不够深入。我们要进一步思考如何让这些阅读推广活动持续发展保持生命力、影响力。

要强化阅读推广活动的品牌建设意识，注意品牌延续性。如果一个阅读推广活动形成了一定的影响力后，不把"品牌"传接下去，很容易让人遗忘，也容易让读者降低对它的品质信任度。一个图书馆的阅读推广活动围绕明确的主题、注入丰富的内容、形成多彩的模式后，要持续推进下去，做大做优做长久，让"品牌"久下去。笔者认为。公共图书馆的阅读推广活动不要轻易改变确定下来的"牌子""标志"，要建立健全长效发展机制，通过规划与制度，将阅读推广活动品牌在形式上进行一定的固化，让阅读推广活动系统化发展、常态化开展、长期性推进。

要在打响打亮的"品牌"下创新阅读推广内容和方式，让品牌阅读推广更具活力和生命力。阅读推广品牌有它的生命周期，只有不断注入新的内容，保持读者新鲜感，提升受众参与兴趣，才能确保长久的生命力。公共图书馆的阅读推广活动应该着重放在活动模式的创新、文化内涵的丰富、科技赋能的支持等方面，满足读者不断变化的阅读需求。如湖南省图书馆的"湘图汉语角"自2019年推出以来，不断丰富活动内容，增大活动覆盖面，通过参观类、动手体验类、欣赏类、艺术学习类等多样化活动形式，开展京剧、古琴、手工制茶、国乐、中医艾灸、拓印、插花、书法、香道、非遗女书、汉服制作等传统技艺和文化项目，吸引了外籍人士关注，曾荣获中国图书馆学会"阅读推广优秀项目"[28]。"深圳读书月"在发展过程中不断推陈出新，开展新的子项目活动。四川省图书馆的"阅无限向未来"馆校合作阅读推广活动，从省图书馆到地市图书馆再到县区图书馆，从科普讲座进校园到经典诵读，弘扬传承巴蜀优秀文化，推进书香校园建设，不断拓展服务范围和内容，不断提升品牌效应。

4.3.7 绩效评估强"品质"

建立完善绩效评估体系可以保障有针对性地改进阅读推广服务，促进阅读推广品牌品质不断提升。范并思认为"图书馆阅读推广的理论、制度、环境、管理与服务的成效如何，都取决于有一套科学方法和可用指标对阅读推广进行评价"[29]。公共图书馆的阅读推广活动都是公益服务性质，通过对活动的投入产出比进行分析，包括人力、物力、财力的投入以及产生的效益，可以掌握活动的预期效果是否得到了最优化体现，以便及时调整活动的方式，及时降低成本。第七次全国县级以上公共图书馆评估定级评分指南中，阅读推广活动和阅读推广品牌都是重要评估因素，较第六次评估定级标准细则，不仅在评估分值中有增加，评估标准也有更为详细的定量指标。

阅读推广活动的绩效评估要坚持客观实用原则，以受众需求满意度为重要因素，要将"评价的主动权更多地交到服务对象手中"[30]。通过建立读者反馈机制，了解读者的真实感受。社会公众是阅读推广的主要受众，通过了解参与者在活动后是否提升了阅读兴趣、优化阅读习惯，是否愿意再次参与类似活动，可以掌握活动是否符合针对性原则和受众实际需求，不断优化社会效益。

阅读推广活动的绩效评估标准有多方面，岳修志等认为，阅读推广活动影响效果的绩效评价可以从管理、技术、经济、生态影响、可持续发展等几方面进行，而"管理绩效尤为重要""是阅读推广活动可以良好且持续的基础"[31]。第七次全国公共图书馆评估定级标准中，主要把阅读推广活动举办场次、参与人次和阅读活动品牌的知名度、影响力、持续时间、读者广泛参与度列入评价指标。范并思认为阅读推广评估指标要更加完善起来，要"设计图书馆阅读推广绩效评估指标，并通过实验验证图书馆阅读推广绩效评估方案"[32]。通过对阅读推广活动规范、服务效果、品牌影响进行全面、客观的评价和考核，为下一步的阅读推广活动提供参考和改进依据，推进服务效益不断提升。通过阅读推广活动带来的阅读量、活动的参与人数、读者参与率以及参与者的活跃度、满意度等指标评价，从而了解这个阅读推广活动对读者个人、家庭、社区乃至更广泛的社会领域的影响，如是否激发了更多人的阅读兴趣，是否提高了人们的文化素养等。阅读推广活动的绩效评估可以通过数据统计分析、整体综合评价、读者满意度调查等方法开展，并将评估结果运用到下步活动的策划推进中。

近几年来，遂宁市图书馆积极思考，大胆创新，探索出不少优秀阅读推广活动，在公众阅读品质提升功能实现上取得较大成效。未来，遂宁市图书馆将进一步创新思路，完善机制，拓展方式，打造更加优质的品牌活动，提供更加优质的阅读服务，提升公众阅读品质和综合文化素养，进一步推动公共图书馆事业可持续发展，助力文化强市、强省建设。

"书山有路勤为径"，人们看书学习、阅读涨识以"勤"为径。公共图书馆服务于民，提供阅读文化服务、保障群众基本文化权利，通过阅读推广服务，让"书香"有路，让"书香"飘扬。

参考文献

[1][11] 王丹,陈雅,谢紫悦.我国图书馆阅读推广品牌建设创新策略研究[J].图书馆理论与实践,2023(2):83-89.

[2][14] 黄百川.公共图书馆阅读推广品牌建设创新与思考:以佛山市图书馆邻里图书馆项目为例[J].图书馆,2021(5):92-95,118.

[3] 四川省图书馆.喜报！四川省图书馆4个项目入选2022年全省文旅公共服务高质量发展"四个一批"推荐名单[EB/OL].(2022-11-23)[2024-03-26].https://mp.weixin.qq.com/s/kOtiu6juY81sFgfoXQOBcw.

[4] 自贡市图书馆."阅无限·向未来"馆校合作之青少年DIY创意图书制作走进校园[EB/OL].(2023-03-17)[2024-03-26].https://mp.weixin.qq.com/s/0A3nT62te9K67QX3hiePuA.

[5] 资阳市图书馆.编织"阅读银行"乡镇运营网络，开启"馆校合作"基层服务之旅[EB/OL].(2023-05-23)[2024-09-17].http://www.zyslib.com/show.asp?typeid=2&sortid=6&id=954.

[6] 马尔康在线.全省首个阿来城市书房在马尔康落成！[EB/OL].(2023-10-26)[2024-04-17].https://mp.weixin.qq.com/s/IL0Hk11ZxO32OMMaeeZPgA.

[7] 范并思.儿童阅读推广的目标、使命与方法[J].新世纪图书馆,2023(2):14-18.

[8] 中国图书馆学会.凝聚精华　助力推广:图书馆智慧阅读空间之智慧体验空间篇[EB/OL].(2023-03-03)[2023-05-06].https://www.lsc.org.cn/cns/contents/1672215860724/1632702162302439424.html.

[9] 中国图书馆学会.凝聚精华　助力推广:图书馆特色阅读空间之文旅融合篇[EB/OL].(2022-12-29)[2023-05-06].https://www.lsc.org.cn/cns/contents/1672215860724/1611300383300145152.html.

[10] 沧州市图书馆.沧图概况[EB/OL].[2023-05-06].http://www.czlib.com.cn/contents/309/2207.html.

[12] 四川省人民政府.四川省全民阅读状况调查结果发布　公共阅读　服务水平显著提升[EB/OL].(2022-04-24)[2024-04-09].https://www.sc.gov.cn/10462/10464/10797/2022/4/24/

705b71259df94851975e6ac924b062d4.shtml.
[13] 王余光.中国图书馆界阅读推广的举措与趋势[J].图书情报工作,2022,66(20):4-7.
[15] 向海燕.公共图书馆文旅融合品牌建设新鉴:以遵义市图书馆"云读山水"为例[J].四川图书馆学报,2024(1):68-71.
[16][25] 石继华.国外阅读推广的品牌化运作与启示[J].图书馆情报与工作,2015(2):56-60.
[17][24] 杨斌.城市阅读推广活动中的品牌化运作:以"深圳读书月"为例[D].广州:广东财经大学,2022.
[18] 褚叶祺,池晓波,左丽华.读者视阈下利用社交媒体的阅读推广活动绩效分析[J].四川图书馆学报,2023(1):15-21.
[19] 孙超,刘士莹.文旅融合背景下公共图书馆地域文化推广研究[J].四川图书馆学报,2022(1):30-33.
[20] 张勇,李苑,徐鑫雨.第二十一次全国国民阅读调查显示:国民阅读方式呈现多元化特色[EB/OL].(2024-04-24)[2024-04-24].http://www.xinhuanet.com/politics/20240424/5b36107e43394c8786a436144483785e/c.html.
[21] 吴秀明,刘云,高凡.大数据背景下图书馆阅读推广研究综述[J].四川图书馆学报,2020(3):97-100.
[22] 胡馨滢,陶磊.大数据视角下的阅读推广:以上海图书馆为例[J].情报探索,2017(8):110-113.
[23] 四川省图书馆.2023年四川省智慧图书馆体系建设培训班顺利举行[EB/OL].(2023-12-14)[2024-04-26].https://www.sclib.org/info.htm?id=1061681893610346.
[26] 司新丽.以品牌化运作创新城市阅读推广模式:以"书香中国·北京阅读季"为例[J].图书情报工作,2017(14):85-93.
[27] 四川省图书馆.四川省图书馆暨全省公共图书馆2022年阅读报告[EB/OL].[2024-04-06].https://www.sclib.org/uploadfile/file/20230421/20230421102445_656.pdf.
[28] 谢姣.体验式阅读推广品牌建设研究:以湖南图书馆"湘图汉语角"为例[J].图书馆研究,2024(1):54-61.
[29] 范并思.拓展图书馆阅读推广的理论疆域[J].图书情报知识,2019(6):4-11.
[30] 吴金敦.公共图书馆阅读推广绩效评价研究[J].四川图书馆学报,2021(5):58-61.
[31] 岳修志.阅读推广活动管理绩效评价要素和内容分析[J].国家图书馆学刊,2019,28(2):32-39.
[32] 范并思.论图书馆阅读推广的专业化建设[J].中国图书馆学报,2022,48(3):4-14.